선교적 교회학교 **생태계 구축**을 위한 **예배 운동**

학원복음화
인큐베이팅

최새롬 지음

꾸미래
꿈이 있는

한국교회의 미래인 다음세대를 향한 복음 전도가 참으로 쉽지 않은 때입니다. 교회들은 다음세대를 살리자는 구호를 외치면서도 그 방법에 대해서는 난감을 표합니다. 그러나 이럴 때 하나님께서는 연합과 동역의 지혜를 주십니다. 이 책은 막막한 현실에 부딪혔던 10대 복음화를 위해 발로 현장을 뛰고 있는 한 목회자의 가슴 뛰는 사역 일기를 담고 있습니다. 학교 안에 예배를 개설하여 지역교회와 연계해 청소년들에게 복음을 전하면서 일어나는 하나님의 놀라운 역사의 현장을 담고 있습니다. 다음세대를 향한 뜨거운 진심으로 하나님 나라를 세우고자 하는 분들에게 최새롬 목사님의 복음 전도의 여정은 험난한 사역 현장에서 올바른 방향으로 나아갈 나침반이 되어 줄 것입니다.

_김은호(오륜교회 설립목사)

교회학교의 쇠퇴는 인구의 감소에 따른 자연스러운 현상이 아닙니다. 교회가 다음세대를 마치 중요하지 않은 부록처럼 여겨 아이들을 향한 선교에 실패했기 때문입니다. 최새롬 목사님은 아이들을 억지로 교회에 앉히는 고루한 방법이 아니라 학교가 곧 선교지임을 깨닫고 그 속으로 찾아가는 사역이 필요함을 보여 주고 있습니다. 책을 읽다 보면 아이들을 향한 하나님의 사랑이 목사님의 사역을 통해 전해져 덩달아 마음이 뜨거워집니다. 대한민국과 한국교회의 미래가 학원복음화에 있음을 믿으며 하나님께서 이 사역에 기름부어 주시기를 기도합니다.

_김병삼(만나교회 담임목사)

최새롬 목사님은 할렐루야교회에서 중등부 담당 사역자로 동역했고 지금은 학원복음화 협력 선교사로 함께하고 있습니다. 진리는 변하지 않지만 하나님께서 새로운 포도주를 부으실 수 있도록 부대는 새로워져야 합니다. 이제는 기다리기만 해서는 다음세대를 이끌 수 없습니다. 이 책은 이렇게 변하는 이 시대에서 다음세대가 있는 학교로 나아가 하나님을 예배하는 공동체가 세워지는 사역을 실질적으로 접근하여 다루고 있습니다. 학원복음화 인큐베이팅은 '한 영혼을 돕고 한 영혼을 살린다'라는 목표 아래 지역교회와 함께하는 사역이며, 교회와 학교를 연결하는 연합의 도구입니다. 이 책을 통해 다음세대의 한 영혼을 향한 사랑과 도전을 경험하시게 될 것입니다.

_김승욱(할렐루야교회 담임목사)

보통의 목회를 꿈꾸던 한 젊은이를 하나님께서 붙드셨습니다. 거룩한 욕심을 가지고 준비하던 한 젊은이를 하나님께서는 학교로 데리고 가셨습니다. 최새롬 목사님은 사명자입니다. 가난해도 이 길을 걸을 것이고, 길이 막혀도 포기하지 않을 것입니다. 하나님께서 사명을 주셨기 때문입니다. 저는 최새롬 목사님을 존경합니다. 지지하고 응원합니다. 그의 진심을 알고, 그의 가슴 속에 계신 하나님을 신뢰하기 때문입니다. 이 책에서 그의 진심과 그의 하나님을 만날 수 있을 것입니다.

_곽인섭(백석대학교대학원 교목실장, 서울백석대학교회 담임목사)

이 책은 '다음세대를 살리는 최고의 대안은 학교 사역이다'라는 확신 아래 저자가 경험한 학교 사역의 시작과 그 과정을 담담한 문체로 호소력 있게 그렸습니다. 최새롬 목사는 공적으로, 그리고 합법적으로 세속 학교에 복음을 침투시키는 방안을 제시합니다. 차세대 사역자라면, 차세대 복음화에 관심 있는 교회라면 필독할 것을 제안합니다.

_양현표(총신대학교 신학대학원 실천신학 교수)

다음세대의 위기를 이야기하면서도 대안을 내놓지 못하는 한국교회의 현실을 바라보아야 합니다. 구호만 남은 다음세대 사역 속에서 학교 사역에 목숨을 건 한 사람이 있습니다. 바로 대형교회의 사역자를 포기하고 학교라는 영적 전쟁터에 뛰어든 '사명자' 최새롬 목사입니다. 다음세대를 위한 탁월하고 실제적인 학원복음화 인큐베이팅 사역이 이 책을 통해 널리 알려져 학교에 예수의 제자들이 세워지길 기대합니다.

_**박세현(CTS 기자)**

다음세대 살리기는 한국교회의 가장 중요한 과제이지만 늘 겉돌고 있는 느낌입니다. 이유는 기성세대가 주축이 되는 교회의 현실은 다음세대 선교의 최전선인 학교를 모르고, 다음세대 문화에 공감하지 못하고 있기 때문일 것입니다. 이 문제의 심각성에 대해 누구보다 깊이 고민하고, 학교 안에 복음 심는 일을 사명으로 여기며 지역교회와 학교를 연결하기 위해 뛰고 있는 최새롬 목사님이 전하는 이 책은 다음세대 사역의 길라잡이가 될 것입니다.

_**이순규(제주중앙고등학교 교목, 신촌성결교회 협동목사)**

이 시대의 다음세대는 선교의 대상이라고 합니다. 그럼에도 이 땅의 다음세대 사역은 점점 쇠퇴하여 교회는 위기를 맞고 있습니다. 이러한 때에 최새롬 목사님의 학교 사역을 담은 이 책은 다음세대 선교에 새로운 길을 제시합니다. 이 책에서 소개되는 학교 사역은 예수님의 사역 원리를 꼭 닮았습니다. 예수님이 하신 것처럼 믿지 않는 다음세대를 찾아가 친구가 되어 주고, 위로하며, 필요를 채워 주고 복음을 전하는 사역의 실제를 보여 줍니다. 더불어 교회가 이 사역의 중심에 있을 때 사역이 시작되고 완성된다는 중요한 원리를 놓치지 않습니다. 이 책을 통해 학교 사역에 많은 교회와 사역자가 동참하여 다음세대의 부흥이 회복되기를 기대합니다.

_윤봉원(서울신방초등학교 교사, 어린이제자캠프 대표, 행복한교회 담임목사)

    중등부 시절 최새롬 목사님을 만나 기독교 동아리를 만들게 된 일은 하나님의 크신 축복이라고 생각합니다. 5명에서 시작해 수십 명의 친구들과 함께 예배드린 경험은 지금도 잊을 수 없습니다. 현재 학교에는 교회를 다니지 않는 친구들이 대부분이고, 최근 여러 일로 교회를 부정적으로 생각하는 친구들도 점점 많아지고 있습니다. 교회에 대한 잘못된 인식을 바로잡고 학생들에게 친밀하게 다가갈 수 있는 방법이 바로 학원복음화 인큐베이팅이라고 생각합니다. 이 책을 통해 많은 분이 학원복음화 인큐베이팅에 관심을 가지고 도전하는 계기가 되길 바랍니다.

_황윤수(경기외국어고등학교 3학년)

✳

머리말

"다음세대는 있다.
다만 그들에게 복음을 전할 자가 없다."

교회 밖에는 600만 명의 다음세대가 있다. 다만 그들에게 찾아가 복음을 전하는 발길이 부족할 뿐이다.

어느 순간부터 한국교회 안에서 가장 많이 하는 말이 있다. "다음세대가 없다.", "교회학교가 사라지고 있다." 그렇다. 한국교회 안에는 다음세대가 없어 교회학교가 사라지고 있다.

반면 타 종교와 단체들은 부흥하고 있다. 왜일까? 그들은 다음세대를 바라보고, 물적·인적 자원을 투자해 학교로 적극 들어가고 있기 때문이다.

그렇다면 교회는 현재 어디에 서 있으며, 어떤 대안과 전략이 있는가? 다음세대가 교회에서 사라지고 있는 이유는 저출산, 디지털화, 학생인권조례, 차별금지법안 발의 등의 영향도 있겠지만 이는 지극히 작은 영역이다. 다음세대가 교회에서 사라지는 이유는 다음세대에게 찾아가 복음을 전하는 발길이 거의 없기 때문이다.

> "다른 이로써는 구원을 받을 수 없나니 천하 사람 중에 구원을 받을 만한 다른 이름을 우리에게 주신 일이 없음이라 하였더라"(행 4:12).

구원은 오직 예수 그리스도의 이름을 통해서만 가능하다. 교회 밖에 있는 600만 명에게 예수 그리스도의 이름을 전하면 교회학교는 회복되고 부흥할 수밖에 없다. 역설적이게도 이를 타 종교와 이단이 활용하고 있다. 신천지와 하나님의교회 등의 이단들은 계속해서 부흥하고 있다. 이유는 간단하다. 끊임없이 포교하기 때문이다.

> "하나님의 지혜에 있어서는 이 세상이 자기 지혜로 하나님을 알지 못하므로 하나님께서 전도의 미련한 것으로 믿는 자들을 구원하시기를 기뻐하셨도다"(고전 1:21).

교회 안에서 답을 찾으려고 하면 절대 답이 나오지 않을 것이다. 그러나 시선을 돌려 교회 밖 600만 명에게 관심을 갖고 그들이 있는 학교로 찾아간다면, 교회학교는 살아날 것이다. 그렇다면 우리는 어떻게 학교 사역을 할 수 있을까? 그 대안과 전략을 이 책을 통해 소개하고자 한다.

2009년부터 지금까지 14년째 학교 현장에서 교회에 다니지 않는 청소년들에게 복음을 전하는 학원복음화 인큐베이팅 운동을 펼치고 있다. 학원복음화 인큐베이팅은 지역교회에 학원복음화 비전과 전략을 공유하여 지역교회가 지역학교에 예배를 세울 수 있도록 돕고 있다. 이를 접목한 지역교회들을 통해 현재 170여 곳의 중고등학교에 기도 모임과 기독교 동아리가 세워졌다. 그리고 지역교회들은 선교적 교회학교로 체질이 개선되어 사라지고 무너져 가던 교회학교에 회복과 부흥이 일어나고 있다. 물론 학교에 기도 모임과 기독교 동아리를 세우는 과정에는 무수한 어려움과 걸림돌, 곱지 않은 시선이 있다. 이것은 당연한 것이다. 교회가 아닌 세상 한가운데서 예배하기란 쉬운 것이 아니다.

> "의를 위하여 박해를 받은 자는 복이 있나니 천국이 그들의 것임이라 나로 말미암아 너희를 욕하고 박해하고 거짓으로 너희를 거슬러 모든 악한 말을 할 때에는 너희에게 복이 있나니"(마 5:10-11).

> "보라 내가 너희를 보냄이 양을 이리 가운데로 보냄과 같도다 그러므로 너희는 뱀 같이 지혜롭고 비둘기 같이 순결하라"(마 10:16).

예수 그리스도의 생명의 복음을 전하는 현장에는 언제나 저항이 있어 왔다. 원수 마귀는 지옥에 갈 수밖에 없는 사람이 천국에 가는 사건을 결코 바라만 보지 않는다. 하지만 우리는 교회다. 그리고 특별히 이 땅에 있는 교회들은 싸우는 교회다.

> "우리의 씨름은 혈과 육을 상대하는 것이 아니요 통치자들과 권세들과 이 어둠의 세상 주관자들과 하늘에 있는 악의 영들을 상대함이라"(엡 6:12).

또한 우리는 승리하는 교회다. 우리는 이 사실을 꼭 기억해야 한다.

> "또 내가 네게 이르노니 너는 베드로라 내가 이 반석 위에 내 교회를 세우리니 음부의 권세가 이기지 못하리라"(마 16:18).

하나님은 요나에게 니느웨로 가서 복음을 외치라고 말씀하셨다(욘 1:2). 요나가 니느웨에서 복음을 외쳤을 때 12만 명이 하나님께 돌아왔다. 우리가 일어나 세상으로 가서 복음을 외칠 때도 이 역사가 반드시 일어난다. 600만 명의 다음세대가 교회로 돌아올 것이다. 이 책을 읽는 순간부터 생각과 언어의 패러다임에 변화가 일어나길 소망한다.

> "다음세대는 많다."

"교회 밖에 600만 명이 있다."
"그들에게 찾아가 복음을 전하리라!"

 이 땅의 소망인 교회를 통해 다음세대를 일으키시는 성령 하나님의 역사가 이 책을 읽는 교회와 사역자들을 통해 계속해서 일어날 것을 기대하며 기도한다. 학원복음화 인큐베이팅 운동에 많은 관심과 응원 그리고 기도로 함께해 주신 교회, 성도님들, 신학교, 학교 교사, 협력 단체 모든 분에게 진심으로 감사를 드린다. 더불어 꼼꼼한 교정과 가이드로 이 책이 세상에 나오도록 도와주신 꿈이있는미래 주경훈 소장님과 편집부의 열정에 감사를 드린다. 또한 늘 곁에서 사랑과 인내로 함께하는 아내 다혜, 딸 희엘 그리고 늘 든든한 기도로 응원해 주시는 사랑하는 아버지, 그리고 장인, 장모님께 감사를 드린다.

 마지막으로, 하나님의 몸 된 교회와 사랑하는 남편과 아들을 목회자가 될 수 있도록 헌신하신, 그러나 암으로 우리보다 먼저 천국에 가신 사랑하는 어머니 故 손금숙 여사를 기억하며 감사를 표한다.

지역교회와 지역학교, 그리고 가정을 잇는 현장에서
학원복음화 인큐베이팅 대표 목사 최새롬

✦✦✦

차례

Chapter 3. 실전, 학원복음화 인큐베이팅

Chapter

1

다음세대 사역이
왜 필요한가?

다음세대가 실종된 교회

초등학교 1학년 때, 아버지는 인천에서 교회를 개척하셨다. 아버지와 어머니는 아침부터 늦은 밤까지 가가호호 돌아다니시며 열심히 전도하셨다. 부모님은 언제나 목회로 바쁘셨고, 도시락 대신 학교로 배달 음식을 보내 주셨다. 덕분에 점심시간만큼은 반에서 제일 인기가 많은 친구가 되었다. 부모님이 열심을 다하시던 전도의 씨앗은 100여 명이 출석하는 공동체로 열매를 맺었다.

여름성경학교 때가 되면 땀을 뻘뻘 흘리며 큰북을 메고 온 동네를 돌던 청년 선생님들의 외침이 생각난다. "오전 열 시, 교회에서 여름성경학교를 시작합니다! 다들 모이세요!" 이제는 역사 다큐멘터리에나 나올 이야기처럼 느껴지지만 실제로 1990년대 초까지만 해도 동네 교회들은 이렇게 홍보했고, 동네 아이들은 꼬리에 꼬리를 물고 교회로 몰려왔다. 동네 권사님들과 집사님들은 여름성경학교를 위해 모여 맛있는 간식을 준비해 주셨다. 선생님들은 심혈을 기울여 놀이를 준비하고, 신나게 뛰어노는 아이들이 가득한 여름성경학교는 말 그대로 '축제'였다. 단연 축제의 하이라이트는 달란트 시장이었다. 프로그램과 암송으로 달란트를 열심히 모아 떡볶이, 김밥, 학용품과 완구 등을 사던 즐거움은 그 시대를 살아온 세대에게 강렬하게 남아 있는 행복한 교회 문화다.

큰북과 열정적인 외침뿐인 소박한 홍보가 빛을 발하고, 교회에 한 번도 와 본 적 없는 친구가 북소리를 따라 여름성경학교에 참석하던 어린 시절, 그 시절의 교회학교 현장이 지금도 생생하게 기억난다. 이것은 나만의 이야기가 아니다. 당시 모든 한국 교회학교의 이야기였다.

그 시절 아이들이 차고 넘쳤던 한국교회가 지금과 같은 교회학교의 위기를 겪게 될 줄은 당시 그 누구도 상상하지 못했을 것이다.

다음세대? 과연 얼마나 있을까?

조부모 세대, 그리고 다음세대

일제 강점기의 식량 수탈과 6.25 전쟁을 겪었던 우리의 조부모 세대는 대부분 농부였다. 당시 농민들은 1년 소출에서 소작료와 빚, 이자와 세금 등을 제하고 남은 식량으로 초여름 보리 수확 때까지 버텨야 했다. '보릿고개'로 불린 이 배고픈 시절은 1960년대까지 이어졌다. 그렇게 가난하고 배고픈 시절에도 조부모 세대는 자녀를 많이 낳았다. 그 시절 가정의 평균 자녀 수는 6명이었고, 나의 외할머

학원복음화 인큐베이팅

니는 9남매를 낳았다. 만삭의 몸으로 밭일을 했고, 일하던 중 산통이 와 그 자리에서 분만을 했으며, 일손이 모자라 아이를 낳고 며칠 만에 다시 일을 하러 나갔던, 먹고살기도 힘든 가난 속에서도 그저 하늘이 주시는 대로 다 낳았다고 웃으며 세월을 반추하는 세대가 우리 조부모 세대다.

태교 여행, 만삭 촬영, 출산 전 산후조리원 예약 등 출산 패키지라고 명명한 각종 상품이 존재하는 세상을 살고 있는 우리에게는 상상하기 어려운, 이제는 과거가 된 그 시절의 모습이다. 1961년, 대한가족계획협회 창립과 동시에 우리나라에 산아제한 정책이 시작되었다. 1960년대에는 세 자녀, 1970년대에는 두 자녀, 1980년대에는 한 자녀만 낳자고 권장했었다. 정부에서는 산아제한을 독려하기 위해 피임 수술을 받으면 예비군 훈련에서 빼 주기도 하고, 간식을 지급하거나, 한 자녀 가정에게 아파트 분양 1순위를 배정하는 등 크고 작은 혜택을 주었다. 덕분에 산아제한 정책은 확실한 성공을 거뒀다. 산아제한 정책의 큰 성공 이후, 국가소멸 위기론까지 말하게 되는 상황이 올 줄 누가 알았겠는가? 60년 전 세 자녀만 두자고 국민을 설득하던 정부는 이제 인구 감소 위기를 극복하기 위해 출산장려 운동을 펼치고 있다. 2005년부터 시작한 출산장려 정책은 2023년까지 225조 원이라는 막대한 예산과 함께 시행되었다. 하지만 현재 출산율은 0.7명대까지 줄어들었다.[1] 인구 증가로 국가 성장 저하를 걱

---

[1] 통계청, 「인구동향조사」(2023).

정하던 대한민국은 이제 인구 감소, 나아가 국가소멸까지 걱정하는 저출산 국가가 되었다.

인구 감소를 넘어 인구 절벽으로

1997년 IMF 사태 이후, 평생 직장 개념이 사라지고, 경제 활동 수명이 짧아졌다. 경제 불황, 취업난, 가정 해체, 결혼 기피, 맞벌이 부부 증가 등의 다양한 원인으로 인해 저출산 현상과 돌봄 문제가 사회적으로 대두되었다. 현재를 살아가는 청년들은 연애와 결혼을 '선택'으로 여긴다. 학생 수 미달로 문을 닫는 학교가 생기는 등 전국 224개 시군 중 84곳에서 인구 소멸 현상이 두드러지게 나타나고

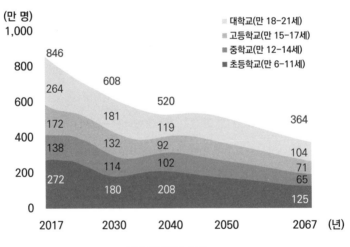

장래 학령인구 추계

출처:「장래인구추계: 2017-2067년」, 통계청(2019).

있다.[2]

통계청은 2017년에 846만 명이던 학령인구가 2030년이 되면 238만 명이 감소한 608만 명이 될 것으로 전망했다.[3] 다음은 2010년에서 2019년까지 10년 동안의 학령인구 변화다.

(단위: 천 명)

연도	계	초등학교	중학교	고등학교	대학교
2010년	9,950	3,280	1,985	2,084	2,601
2011년	9,785	3,109	1,914	2,062	2,700
2012년	9,590	2,926	1,867	2,028	2,769
2013년	9,397	2,783	1,818	1,985	2,811
2014년	9,181	2,751	1,719	1,912	2,799
2015년	8,920	2,720	1,578	1,868	2,755
2016년	6,672	2,688	1,458	1,816	2,710
2017년	8,461	2,719	1,385	1,715	2,642
2018년	8,260	2,757	1,340	1,574	2,589
2019년	8,047	2,765	1,318	1,454	2,511

2010-2019년 학령인구 추이

출처: 「장래인구추계」, 통계청(2021). https://kosis.kr(주요 연령계층별 추계인구).

다음세대 인구는 해가 갈수록 줄어들고 있다. 그런데 최근 통계청은 우리나라 인구 감소 추이가 10년 더 앞당겨졌다고 발표

---

2 국가균형발전지원센터, 「인구로 보는 OECD국가의 지역·도시」(2020).
3 통계청, 「장래인구추계 2017-2067년」(2019).

1장 • 다음세대가 실종된 교회

했다. 말 그대로 '인구 절벽'의 시대가 도래한 것이다. 인구 절벽 (Demographic Cliff)은 미국의 유명한 경제학자 해리 덴트(Harry Dent)가 처음 대중적으로 사용한 용어로, 국가의 인구 통계에서 급격한 감소세가 나타나는 구간을 나타내는 말이다. 고령화 사회의 문제점을 지적하거나 어린이·청소년의 인구 그래프가 특정 시점부터 '절벽' 형태로 하락하는 현상을 설명할 때 주로 사용한다. 덴트는 인구 절벽이 경제 위기를 가져오는 주요 원인 중 하나라고 주장한다.[4]

대한민국은 고령화와 인구 감소로 인해 경제적 위기가 찾아올 것으로 예상된다. 영국 옥스퍼드대학교 명예교수인 인구학자 데이비드 콜먼(David Coleman)은 인구 감소로 지구상에서 제일 먼저 사라질 나라로 대한민국을 꼽기도 했다. 이렇게 인구 절벽의 문제는 대한민국의 존립의 문제이며 동시에 한국교회의 문제다.

2000년대 교회학교와 2020년대 교회학교

2000년대와 2020년대 교회학교의 모습을 비교하여 표로 나타냈다. 항목별로 어떠한 다름이 있는지 함께 살펴보고자 한다.

---

[4] 해리 덴트, 『2018 인구 절벽이 온다』, 청림출판(2015).

학업

2000년대	2020년대
• 청소년을 중심으로 한 문학의 밤, 성탄절 축제가 매해 풍성하게 열렸다.	• 문학의 밤은 사라졌고, 아직까지는 교회학교 성탄절 발표회가 명맥을 유지하고 있다.
• 방과 후에 사역자나 교사가 청소년들과 만나 교제할 수 있는 시간을 확보할 수 있었다.	• 방과 후 청소년들의 학업 일정으로 인해 만날 수 있는 시간이 없다.
• 학업도 중요하지만, 부모가 자녀에게 주일예배와 수련회, 기도회를 참석할 수 있도록 독려하는 분위기였다.	• 주말 학원 보강 및 특강, 시험 기간 등 학업 일정으로 인해 주일예배, 수련회 등의 결석 사유가 늘었으며, 온라인으로 예배를 대체하고 있다. • 고등학교 3학년은 주일을 성수하지 않아도 이해하는 분위기가 교회 내에 형성되었다.

학생 수

2000년대	2020년대
• 찬양 집회, 수련회, 교회 행사 등 주중 행사에 학생 참석 독려가 수월했다.	• 학생뿐 아니라 참석할 인원이 없어 주중 행사 기획이 거의 불가능하다.
• 학교 한 학급당 교회 다니는 학생이 10명 이상은 있었다.	• 학교 한 학급당 교회 다니는 학생이 1-2명이다.
• 인원이 많았기 때문에 교회 안에서 대부분의 행사를 자체적으로 할 수 있었다.	• 인원 감소로 교회학교 자체가 사라지고 있다.

스마트폰

2000년대	2020년대
• 교회에 옹기종기 모여 함께하는 게임, 공부, 상담, 음식 만들기 등 소그룹 문화가 활발했다.	• 교회는 일주일에 한 번 주일에만 사용하는 공간이 되었다.
• 모든 것을 대면으로 소통하며 활동을 했다.	• 단체 메시지 방, SNS, 유튜브 등 대면에서 온라인으로 소통 방법이 바뀌었다.
• 또래 친구들이 한 공간에서 함께 놀고, 소소한 간식 등을 함께 만들어 먹기도 했다.	• 서로 대화하기보다 스마트폰을 들여다보고 있는 시간이 많다. 미디어가 교회보다 재밌고, 음식은 배달하여 먹는다.

찬양팀

2000년대	2020년대
• 다양한 찬양 예배팀이 생겼으며, 찬양 문화가 폭발적으로 일어나 각 지역에서 찬양 예배를 드리고자 모이기도 했다.	• 각 교회 내 전문적인 찬양팀이 생겨 찬양 예배를 충족할 수 있게 되거나, 인원 부족으로 찬양팀이 없기도 하다.
• 선배가 후배에게 악기를 가르치고, 서로 같이 합주하며 친밀감을 형성할 수 있는 기회가 많았다.	• 주중 학업으로 인해 찬양팀에 참여하여 연습할 시간이 없다.
• 찬양팀을 섬기기 위해 제자훈련에 참석하고, 연습 시간을 엄수하는 등 열정적으로 참여했다.	• 교회학교 인구 감소로 자체 찬양팀을 운영할 수 있는 교회가 점점 줄어들고 있다.

교사

2000년대	2020년대
• 교사들이 주일 아침 집 앞에 찾아가 늦잠을 자는 아이들을 깨워 교회에 함께 왔다.	• 교사들도 예배 시간에 지각을 하는 경우가 많으며, 아이들 집 앞까지 찾아가는 교사들을 보기 희귀한 시대가 되었다.
• 수련회 기획, 준비, 음식, 취침 등 모든 과정에 교사들의 적극적인 참여가 있었다.	• 교회 자체 수련회를 할 수 있는 규모가 안되는 교회가 늘고 있다. • 바쁜 직장 생활로 인해 수련회 기획, 준비 등에 교사들의 적극적인 참여 및 수련회 참석이 어려운 상황이다.
• 사역자 못지않은 열정과 헌신을 가진 교사가 많았다.	• 교회마다 청소년부 교사 섭외하기가 제일 어려운 상황이다.

한국 교회학교의 미래 모습

코로나 팬데믹 이후, 재적 인원 1만 명 정도 되는 큰 교회의 고등부 출석 인원이 100명 아래로 줄었다는 소식을 들었다. 팬데믹 이전에 교회학교에서 마지노선으로 사수해야 했던 부서는 고등부였다. 팬데믹 이후 마지노선은 중등부가 되었다. 그만큼 교회학교가 현재 녹록지 않다는 이야기다.

10년 뒤 교회학교 모습

행정안전부 통계를 기준으로 서울시 종로구 인구수 대비 학생 수 비율을 계산해 보았다.

종로구 인구	141,433명	종로구 인구수 대비 학생 수 비율 11.8%		
종로구 학생	고등학교	중학교	초등학교	유치원
16,206명	7,589명	2,637명	4,961명	1,019명

종로구 인구수 대비 학생 수 비율

출처: 시도 유초중등 교육통계(https://school.kedi.re.kr)를 기반으로 종로구 인구수를 계산함.

　2023년 종로구에 살고 있는 유치원생은 1,000여 명이다. 현재 종로구에 위치하고 있는 교회학교 대부분이 학생 수 감소를 넘어 교회학교 붕괴가 진행 중이다. 교회학교의 붕괴가 의미하는 것은 다음과 같다. 첫째, 기독교 가정의 결혼과 출산으로 다음세대를 이어 온 교회학교가 출산율 0명대에 진입한 2018년부터 되돌릴 수 없는 붕괴 상황에 놓였다. 둘째, 교회학교 학생 수 감소로, 교회학교 사역자의 필요성이 사라지고 있다. 이는 신학교를 졸업한 사역자들의 장이 사라지는 것이며, 교회학교 사역과 교회교육의 개발도 사라지게 되어 교육의 질이 떨어지게 된다는 것이다. 셋째, 10년 뒤 교회학교는 사라지고, 한국교회 대부분이 성인 그것도 중·장년층 중심의 목회로 바뀔 것이다.

　아직 시간이 남아 있다. 선교적 교회학교 생태계로 체질 개선을 시작해야 한다. 학교 사역을 교회학교의 필수 사역으로 삼아 교회 밖에 있는 다음세대에게 복음을 전하고 그들을 다시 교회로 초대해야 한다. 교회학교는 더 이상 기독교 가정의 결혼과 출산으로 유지될 수 없다. 전도 외에는 다른 방법이 없다. 교회학교는 반드시 체질 개선을 통해 선교적 교회학교 생태계를 구축해야 한다.

앞으로 6년 남은 골든타임

이해를 돕기 위해 앞에서 본 종로구 인구수 대비 학생 수 비율을 예로 들겠다. 종로구 통계는 신앙을 가지고 교회에 출석하고 있는 학생들의 수가 아니다. 종로구 전체 학생 수를 조사한 것이다. 초·중·고 학생들은 금방 성인이 되고 교회학교 시야에서 사라지기 때문에 유치원생을 기준으로 보고자 한다. 현재 7세 유치원생이라면 7년 뒤 중학생이 된다. 과연 이들 중 몇 퍼센트가 하나님을 믿고 교회에 출석하게 될지 추측해 보자. 아마 지금의 비율로 따지자면 아무리 많아도 10% 정도만 하나님을 믿고 교회에 출석할 것으로 보인다. 현재 중고등학생 중 교회에 출석하는 청소년들에게 물어보니 현재 반에서 평균 1-2명 정도가 교회에 다니는 것 같다고 답했다. 그러니 8년 뒤에는 청소년들 학급에 아마도 크리스천이 없을 것으로 예상된다. 이 비율로 예를 들면, 종로구에 위치한 A교회는 현재 800여 명의 교인이 출석하는 교회로, A교회 청소년부 주일예배 출석 인원은 40여 명이다. 하지만 8년 뒤 A교회의 청소년 출석 인원은 1-2명 정도가 되어, 인원이 없어 운영 자체가 어려울 것이다.

앞에서 이야기했던 것처럼 나의 아버지는 개척교회 목사였다. 열심을 다한 전도를 통해 교회는 장년들만 100여 명이 출석하기 시작했고, 교회학교 아이들도 50여 명 정도가 되었다. 그러던 어느 날, 교회 내 한 사건으로 부교역자와 여전도회장이 함께 성도들을 모아 다른 교회로 옮기는 일이 있었다. 이렇게 예시로 활용하게 될 줄은 몰랐지만, 당시 상황을 통해 교회학교 학생 수가 감소하는 과정을 이야기해 보고자 한다.

청소년부 학생 수가 10명 이하로 감소할 때 일어나는 현상은 다음과 같다. 첫째, 청소년부 담당 사역자를 청빙하지 못해, 교구 사역자가 청소년부를 겸하게 된다. 점차 청소년부 사역의 전문성과 경쟁력이 떨어지기 시작한다. 둘째, 학생 수 감소로 예산이 적게 책정된다. 수련회와 다양한 프로그램을 진행할 예산이 부족해진다. 셋째, 청소년이 찬양팀, 안내팀, 방송팀 등을 이루는 예배를 주도하기가 어려워진다. 따라서 수련회와 예배를 자체적으로 진행할 수 없다. 넷째, 영적 무기력에 점차 침식되며 예배 분위기가 가라앉기 시작한다. 그렇게 자연스럽게 청소년부가 사라지게 된다.

최근 한 기사에 따르면[5], 한국교회의 70% 이상이 미자립교회라고 한다. 그리고 미자립교회의 연간 예산은 평균 3,000만원 이하다. 저축은커녕 교역자 생활비 지급도 어려운 현실이다. 미자립교회 같은 경우 부서 사역자를 청빙하기 어려운 형편이 많고, 담임목사와 그 가족이 모든 부서를 담당하고 있다. 정말 극한 상황이라고밖에 표현할 방법이 없다. 최선을 다하고 있지만 미자립교회에서 교회학교를 운영해 나간다는 것은 정말 쉽지 않다. 하나부터 열까지 담임목사와 그 가정이 해야 할 일이기 때문이다. 처음에는 하나님이 주

---

5 박종순, "[박종순 목사의 신앙상담] 교회 재정을 저축하고 증식해 늘리자는 의견 있는데", 국민일보, 2023. 2. 13. https://news.kmib.co.kr/article/view.asp?arcid=0924286594

(단위: 명)

연도	영아부	유아부	유치부	유년부	초등부	소년부	중고등부
2010년	18,305	24,571	67,378	64,232	74,327	89,900	188,304
2011년	21,429	24,130	64,731	58,419	69,015	83,266	180,308
2012년	18,733	23,641	62,251	56,519	64,175	76,090	171,660
2013년	17,101	21,555	58,293	50,840	59,423	68,175	157,409
2014년	17,523	23,323	57,649	51,112	57,880	64,637	152,327
2015년	17,325	22,659	55,435	48,110	55,317	62,358	146,763
2016년	16,403	22,109	52,053	46,020	54,173	56,147	134,904
2017년	19,088	21,604	50,412	45,493	51,803	56,256	126,235
2018년	14,934	20,475	48,101	44,288	50,193	54,687	119,691
2019년	15,206	19,872	45,654	43,461	48,807	52,427	115,025

예장통합 교회학교 학생 수 추이

출처: 대한예수교장로회총회 교세현황(http://new.pck.or.kr).

신 열정으로 최선을 다해 감당하지만 목회자는 슈퍼맨이 아니기에 결국에는 선택과 집중을 할 수밖에 없다. 장년에 집중하게 되고 자연스럽게 교회학교는 작아지고 사라지게 되는 것이다.

그나마 규모와 여력이 있는 교회에서 청소년 부서를 운영하고 있지만 8년 뒤에는 비슷한 상황이 될 것으로 예측된다.

앞선 표와 여성가족부 학령인구 추이를 살펴보면 교회학교 학생 수 감소를 예상할 수 있다. 특히 여성가족부 학령인구 추이를 보면 2020년에서 2030년, 10년 사이 140만 명이 감소한다. 이 여파는 우리가 생각하는 것 이상으로 클 것이다.

(단위: 명)

연도	계	초등학교	중학교	고등학교
2000년	8,108,213	4,072,583	1,869,467	2,166,163
2010년	7,281,082	3,279,829	1,916,990	2,084,263
2020년	5,477,920	2,723,951	1,363,827	1,390,142
2030년	4,068,619	1,592,451	1,151,389	1,324,779
2040년	3,291,660	1,814,261	774,131	703,268

학령인구 추이

출처: 여성가족부 청소년정책분석평가센터 홈페이지(www.ypec.re.kr).

　　2024년부터 계산하면 2030년까지 6년의 골든타임이 남았다. 한국교회는 과거 부흥의 영광에서 벗어나 현실을 직시하고 교회학교 생태계가 무너진 현실을 인지해야 한다. 그때부터 실제적인 대안과 전략을 수립할 수 있다. 이제 교회학교는 교회 안에서 자급자족할 수 있는 생태계가 아니다. 전도 외에는 다른 방법이 없다. 교회 안에는 다음세대가 없지만 우리의 시선을 돌려 교회 밖을 보면 600만 명의 다음세대가 있다. 교회 밖에 있는 600만 명의 아이들을 찾아가 복음을 전하는 교회가 되어야 한다. 여러 대안 중 선교적 교회학교 생태계를 구축하는 '학원복음화 인큐베이팅 운동'이 교회학교에 정착되길 바란다. 지역교회가 지역학교에 예배를 세워 교회에 다니지 않는 청소년들에게 복음을 전하여 관계를 형성하고, 그들을 자연스럽게 교회로 인도하는 운동이 교회마다 일어나야 한다. 이것이 실현되기 위해서는 각 교회의 담임목사님 및 당회(장로님)가 다음세대 위기에 대해 인식하는 것이 가장 필요하다.

한국교회가 다음세대의 중요성을 외치고 있음에도 행동이 더딘 이유가 있다. 교회 구성원을 보면 쉽게 이해할 수 있을 것이다. 교회의 구성원은 대부분 장년이다. 장년은 보통 고등학교를 졸업한 20세부터를 말한다. 요즘은 의학의 발달로 평균 수명이 늘어 100세 시대를 바라보고 있으니, 장년의 수는 계속 늘어나고 있다. 20세부터 100세까지의 장년 성도 수의 감소 폭은 정말 더디다. 그러다 보니 교회학교 학생 수의 감소를 체감하는 교회학교 사역자들에 비해 교회의 담임목사님과 당회 장로님들은 체감을 잘 못하는 것이다. 이 것이 교회가 다음세대 사역의 시급함을 간과하는 이유 중 하나이다.

반면 타 종교와 이단들은 다음세대에 올인하여 부흥하고 있다. 이 부분은 2장에서 설명할 것이다. 한국교회도 머리를 맞대고 타 종교와 이단들처럼 전력으로 다음세대 사역에 올인해야 할 것이다.

"격변의 시대에 가장 위험한 것은 격변 자체가 아니다.
지난 사고방식을 버리지 못하는 것이다."

_피터 드러커(Peter F. Drucker, 경영학자)

한국 교회학교 커리큘럼

현재 교회학교 커리큘럼

2000년대 초반까지만 해도 교회학교 공과 선택의 폭이 굉장히 좁았다. 또한 규모가 작은 교회들이 적용할 수 있는 공과도 제한적이었다. 어떻게 교회학교 아이들을 체계적으로 교육하고 양육할 수 있을지 담당 사역자로서 고민이 되는 지점이 있었다. 어떤 공과는 지나치게 교리 중심이다 보니 용어 자체가 어려워 교사와 아이들이 쉽게 받아들일 수 없었고, 다른 공과는 성품과 인성을 중심으로 진행하여 성경적인 가르침에 아쉬움이 있었다. 그래서 택한 방법 중 하나가 여러 가지 공과를 구입하여 교회와 학생들 상황에 맞게 편집하여 사용하는 것이었다.

지금은 교회교육에 대한 관심과 투자 속에서 교회학교 공과에 엄청난 발전이 이루어졌다. 교회학교 공과를 선택할 수 있는 폭이 넓어져 무엇을 선택해야 할지 고민하는 행복한 시대다. 두란노의 『가스펠 프로젝트』, 꿈미의 『드림웨이브』, 대한예수교장로회총회의 『하나 바이블』, 파이디온 선교회, 히즈쇼 등 교단과 교회 및 단체들이 최선을 다해 기도하고 연구하며 좋은 공과들을 만들었다. '교회교육이 이렇게 발달한 시기가 있었을까?' 하는 생각이 들 정도로 현재 우리는 교회교육의 정점 가운데 있다.

한국교회 교회학교 생태계의 붕괴

한국교회 교회학교는 70-80년대에 놀라운 부흥의 역사를 경험했다. 교회학교 부흥의 정점은 90년대였다. 나귀환 목사는 대한예수교장로회 통합 교단의 1981년 67회 총회 보고서와 1991년 77회 총회 보고서를 비교하여 한국 교회학교를 진단하였다. 그의 보고에 따르면 10년 동안 교회의 수가 1,318개 증가하였고, 교인은 726,750명(57%) 증가하였으며, 교회학교 학생 수는 404,277명(53%), 교사는 54,922명(80%)이 증가하였다고 한다.[6]

1987년 개신교 주일학교 학생 수는 전체 개신교 교인의 거의 50%에 육박하는 규모였다. 하지만 1994년에는 전체 교인의 32%로 줄어들었고, 2004년에는 27%로 줄어들었다.[7] 역사를 통해 볼 수 있듯이 개신교 교회학교 학생 수는 장년 성도 수와 같았다. 40년의 세월 동안 한국교회에 어떤 일이 있었길래 교회학교 생태계가 이렇게 급속도로 붕괴되었는지 살펴보아야 한다.

교회학교 전문 사역자가 나올 수 없는 현장의 한계

한국교회는 130년의 찬란한 역사를 가지고 있으며 하나님의 은혜로 놀라운 부흥과 성장을 경험했다. 한국교회가 성장하며 교회 현장에는 많은 사역자가 필요하게 되었다. 신학대학교는 교회사역을 담당할 건강한 사역자들을 양성하였고 그들은 교회 현장에서 열

---

6 나귀환, "한국 교회학교 진단", 「교육교회」, 장로회신학대학교 기독교교육연구원(1992.12.)
7 한미라, 『개신교 교회교육』, 대한기독교서회(2005).

심히 하나님의 몸 된 교회를 섬겼다. 목사가 되는 과정은 장로교 남성을 기준으로 하였을 때, 보통 신학대학교 혹은 일반대학교 4년 과정을 거쳐 신학대학원 3년, 중간에 군대 2년, 전도사 고시 1년, 강도사 고시 1년 정도로, 평균 11-12년 정도 소요된다. 이러한 과정을 거쳐 목사가 되어도, 전임 사역자가 되는 길까지는 하늘의 별 따기다. 장로회신학대학교 신학대학원을 2015년 2월에 졸업한 108기의 경우, 대학원 졸업 전 전임 목회 자리를 구한 동기생이 전체 졸업생의 20%에 불과했다고 말한다. 또 당시 졸업을 앞둔 A전도사의 경우, 동기생의 15%만이 전임 목회 자리를 구했을 뿐이라고 전한다.[8]

교회학교 사역을 지속할 수 없는 생태계의 한계

대부분의 목회자가 신학대학원생 시절부터 전도사 사역을 시작한다. 주로 주중엔 학업을 해야 하기 때문에 주말 파트타임으로 교회의 교육부서를 담당한다. 교육부서는 신학과 교육을 전공한 전문 사역자가 담당해야 하는 것이 맞지만 현실은 신학만 전공한 전도사들이 담당하는 구조다.

교회 현장에서 전임 사역자가 되는 과정은 교육부 파트타임을 하다 교구 풀타임 사역자가 되는 구조가 대부분이다.

한 분야의 전문가가 되려면 10년 이상 한길을 걸어가야 한다는 말이 있다. 그러나 교회학교 사역은 10년은 고사하고 5년도 지속적

---

8 박만서, "막막한 신대원 졸업생 진로, 출구전략은?", 한국기독공보, 2016. 2. 3.
  http://www.pckworld.com/article.php?aid=7020578955

으로 감당할 수 없는 구조다. 왜냐하면 전임 사역자가 되기 위해서는 교구를 담당해야 하기 때문이다. 교육부서 사역자로 전임 사역을 할 수 있는 교회는 정말 드물다. 또한 같은 전임 사역자라도 교육부서와 교구 사역자 사례비는 거의 1.5배 수준으로 차이가 난다. 이러다 보니 교회학교 사역에 달란트가 있는 사역자가 나와도 가정을 책임져야 하는 부담감에 교회학교 사역을 지속할 수 없게 된다. 사역자들이 교구를 목표로 갈 수밖에 없는 생태계인 것이다.

2007년, 내가 첫 사역으로 교육부 전도사를 시작했을 때의 사례비가 60만 원이었다. 2023년, 현재 교육부 사역자 사례비는 보통 60-100만 원이다. 대형교회가 아닌 교회들은 여전히 동일하다. 더욱이 사역자를 구할 수 있는 형편의 교회보다 사역자를 뽑을 수 없는 교회가 더 많은 게 현실이다. 이것이 11년 동안 공부하여 신학대학원까지 졸업한 사역자들의 현실이다.

코로나 팬데믹 기간 동안 교회학교에 어려움이 많았던 이유 중 하나가 교회학교 전문 사역자의 부재였다. 대부분의 전문 사역자가 교구에 있다. 이 구조가 변화되지 않으면 교회학교는 말 그대로 손쓸 틈 없이 붕괴하고 말 것이다.

신학대학원 커리큘럼의 한계

신학대학원은 목회자를 양성하는 가장 중요한 기관이다. 한국교회의 건강은 신학대학원이 건강한 신학과 교육을 하고 있느냐에 따라 달라진다. 교육의 커리큘럼은 목사 양성에 초점을 맞춰 진행한다. 졸업 후 교회 사역을 할 수 있는 최소한의 자격 과정이다. 그러나 교회 현장은 최소한의 자격을 가진 사역자가 아닌 전문 사역자를 필요로 한다. 신학대학원에서는 목사가 되기 위한 학문을 위주로 배우기 때문에 찬양 인도, 부서 행정, 회계, 기획, 인원 관리, 수련회, 공과 교육, 방송 음향, 영상 편집 등 교회 사역에 필요한 부분은 알아서 학습해야 하는 구조다.

신학대학원생들이 교회에서 현장 사역을 시작하는 모습을 보면 마치 군대에 갓 입대한 훈련병과 같은 모습이다. 뭘 어떻게 해야 할지 아무것도 모르는 상태다. 교회에서는 신학대학원생 사역자가 들어오면 1년 동안 교회 사역에 대한 전반적인 교육을 해야 한다. 교회 입장에서는 답답할 수밖에 없는 실정이다. 사역이 차곡차곡 쌓여 진행이 되어야 하는데, 교육을 시켜서 겨우겨우 교회 사역을 담당하게 하는 꼴이니 제자리걸음일 뿐이다. 그래서 종종 학교에서 뭘 배우고 온 것인가라는 푸념이 나오는 것이다. 반면 신학대학원생 입장에서는 이론만 배우고 현장에서 필요한 실습을 배울 기회가 없기 때문에 모르는 것이 당연한데 왜 우리한테 그러는지 모르겠다며 사역에 대한 회의감마저 든다는 말이 나오기도 한다.

안타깝지만, 이 또한 130년의 역사를 가진 한국교회 교회학교의 현실이다. 교회학교 생태계가 붕괴하고 있는 시대에 신학대학원이 보다 현장 사역에 적용할 수 있는 실천적인 부분으로의 변화가 절실하게 필요하다.

다행인 것은 많은 신학대학원에서 점차 이 필요를 느끼고 수업

커리큘럼에 변화를 주고 있다. 실례로 백석대학교 신학대학원에서는 '학원복음화 인큐베이팅 운동을 위한 학원선교사 양성 과정'을 비교과 과목으로 개설하였다. 1년 2개 학기 과정으로 강의를 수강하여 중고등학교에 찾아가 창체(창의적 체험활동) 동아리, 자율 동아리 등의 수업에 참여해 교회에 다니지 않는 청소년들을 대상으로 기독교 동아리 모임을 실습하고 있다. 수강한 학생들은 교회에 다니지 않는 청소년들을 대상으로 예배할 수 있다는 사실에 많은 도전을 받으며, 사역자들에게 꼭 필요한 강의라는 평을 남겼다. 이처럼 교단별 신학대학원 커리큘럼에 현장에 필요한 사역들을 실습할 수 있는 실제적인 과목이 더 많이 생겨야 한다. 신학대학원에서의 이론과 현장 실습 경험을 통해 교회 현장 사역의 전문가들로 양성되어야 한다.

교회학교 부서 생태계 붕괴와 사역 현장 부재

교회학교 학생 수가 많았을 때는 교회 내 사역만 감당하는 것도 벅찼고 충분했다. 모든 것을 자급자족할 수 있었고 학생 수가 많았기 때문에 행사, 학생 관리, 교육에만 집중하면 되는 구조였다. 그러나 이제는 교회 안에 아이들이 없다. 없는 차원을 넘어 부서가 사라지고 있다. 사역의 대상이 더 이상 교회 안에 없기 때문에 새로운 현장을 개척해야만 하는 상황이 된 것이다.

하지만 한국교회는 130년이 넘는 세월 동안 교회가 현장이었고 교회 밖을 생각해 본 적이 없다. 사역자 입장에서 교회 밖은 막막하고 두려운 곳이다. 왜냐하면 선교 단체를 경험한 사역자들이 아닌 이상 교회 밖 경험이 전무하기 때문이다. 교회는 아이들이 없는 현장이 되어 버렸지만 교회 밖에는 자그마치 600만 명의 다음세대가 있다. 앞으로 한국교회 교회학교 생태계가 살아나는 방법은 교회 밖에 있는 600만 명의 일상에 사역 현장을 개척하는 방법 외에는 없다. 이를 위해 각 교단과 신학교는 어떻게 하면 교회 밖을 사역의 공간으로 만들어 낼 수 있을까. 방법은 간단하다. TF(Task Force)팀을 조직하고, 연구하고, 재정을 투자하여 살아 있는 현장을 발굴해 내야 할 것이다.

신학대학원생이 교회학교를 하며 사역 현장까지 발굴하고 개척하는 일은 결코 쉽지 않다. 솔직히 불가능하다. 다음세대 현장 사역 모델을 개발하는 일은 교단과 학교 차원에서 이루어져야 할 문제다. 이를 등한시 여긴 결과를 우리는 지금 눈으로 보고 있다. 이 책에서 무수하게 반복해서 말하겠지만, 지금이라도 시도하지 않으면 다음세대 사역의 미래는 없다. 결국 한국교회 교회학교 사역은 대형교회만의 전유물이 될 것이다.

공과 활용 및 커리큘럼의 한계

앞서 말했듯 2000년대 초반까지만 해도 교회학교 공과 교재를 선택할 수 있는 폭이 굉장히 좁았다. 또한 규모가 작은 교회들이 적용할 수 있는 공과도 제한적이었다. 그나마 유초등부는 파이디온 선교회, 한국어린이전도협회, 한국어린이교육선교회 등 역사를 가진 단체들이 지속적인 연구를 통해 발전시켜 왔다. 신학대학원 1학년 재학 당시 나는 청소년부 사역을 담당했다. 당장에 좋은 공과를 찾아 청소년부 아이들을 체계적으로 교육하고 양육할 수 있을지 담당 사역자로서 많은 고민을 했다.

지금이야 온라인으로 수량에 맞게 구매하면 됐지만 당시에는 대형 기독교서점에 가서 직접 찾아보고 교회 상황에 맞게 적용해야 했다. 하지만 지금은 상황이 다르다. 기독교교육 및 신학을 전공한 전문 사역자들이 성경 66권 전체를 체계적으로 교육할 수 있도록 심혈을 기울여 만든 공과를 손쉽게 구할 수 있게 되었다. 팬데믹 기간 동안 대면이 불가능할 때에는 줌(Zoom), 메타버스(Metaverse) 등 다양한 온라인 플랫폼을 통해 교회학교 학생들의 교회교육을 이어 왔다. 하지만 이 비약적인 성장 가운데에도 아쉬운 부분이 존재한다.

• 공과 집필진 구성 및 현장 상황 반영의 한계

교회학교 공과 개발자들의 사역 현장과 이력을 보면 정말 훌륭한 사역자들이 참여 및 집필하고 있다. 그러나 총회 차원의 전임 집필 진들은 많지 않다. 각 교회에서 사역을 하다 사역을 잘한다는 소문이 들리면 공과 집필 시즌에만 함께한다는 한계가 있다. 또한 집필 진들 대부분이 대형교회 혹은 어느 정도 규모가 있는 곳에서 사역하는 사역자들로 구성되어 있다. 실력과 사역에서 확실히 검증된 훌륭한 사역자들이다. 하지만 한국교회 70% 이상이 미자립교회라는 현장의 상황을 이해하고, 그 상황에 맞게 적용할 수 있도록 집필하지 못한다는 아쉬움이 존재한다. 작은 교회 및 미자립교회는 일단 교사 인력이 충분하지 않은 경우가 태반이다. 교사와 담당 사역자가 없는 상황이라면 담임목사님과 사모님이 공과를 진행해야 한다. 이마저도 어려운 교회들은 아이들끼리 공과를 보며 스스로 적용해야 하기도 한다. 또한 미자립교회는 어떻게 하면 학생 한 명을 교회로 인도할 수 있을지, 어떻게 하면 교회에 정착시킬 수 있을지에 대한 주일학교 생존의 문제가 더 중요하기 때문에 공과 교육을 적용하기에 어려운 상황이 발생한다. 신학교육의 이론과 현장의 간격이 존재하는 것처럼 공과 교육과 교회학교 현장 사이의 간격을 어떻게 줄여 나갈 것인지에 대한 고민이 필요하다.

• 교사교육의 한계

공과를 잘 만들어도 가르치는 교사가 없거나 교사교육이 잘 이뤄지지 않으면 교회학교 교육의 질은 전반적으로 떨어질 수밖에 없다. 이러한 문제를 교회마다 인식하고 있지만 교회 현장에서 교사교육은 현실적으로 정말 어렵다. 왜냐하면 대부분의 교사가 교회학교만 봉사를 하는 상황이 아니다. 교사로 헌신할 정도의 성도는 대부분 적게는 두 가지, 많게는 서너 가지 봉사를 하며 교회학교 교사까지 섬기고 있는 실정이다. 이러다 보니 함께 모여 교사교육을 진행하기가 굉장히 어렵다. 교사 개인이 기도하며 공과를 연구한다고 믿고 부서를 운영할 수밖에 없다. 교회학교 사역을 담당하는 사역자로서 이러지도 저러지도 못하는 상황이 참 안타까울 뿐이다. 그나마 교사

교육의 문제를 가지고 씨름하고 있는 교회라면 정말 복받은 교회다. 현실은 당장 부서의 교사 충원이 안 돼서 몇 번이고 주보와 포스터를 통해 교사 수급에 사활을 걸고 있다. 그러다 보니 교사의 자질과 역량을 검증하고 세우는 구조가 아닌 부서에 누군가 오기만 해도 감지덕지한 게 우리의 교회 현장이다. 작금의 교회학교의 생태계는 대형교회를 제외하고는 겨우 유지되고 있다.

다음세대 교회학교를 살리기 위해서

2022년, 대한민국 출산율은 0.78명이다. 출산율 1.05명을 기록했던 2017년 이후 5년 만에 0.78명이라는 역대급 출산율을 기록했다. 출산율은 한 해의 총 출생아 수를 당해 가임 여성 인구로 나눈 수치를 1,000분비로 나타낸 것이다. 즉, 0.78명이라는 출산율은 인구 1,000명당 4.9명의 아이가 태어난다는 뜻이다. 지난 10여 년간 정부에서 280조 원의 재정을 쏟아부었음에도 오히려 출산율은 감소했다. 이를 통해 다시 알 수 있듯이 교회학교 생태계를 지탱했던 결혼과 출산은 사망 선고를 받았다. 이제 교회학교 생태계는 패러다임의 전환이 그 어느 때보다 빨리 일어나야 하는 시즌이다.

몸에 이상이 생기면 병원에 간다. 전문 의사에게 검진을 받고 정확한 진단을 통해 병명을 밝히고 그에 따른 처방 혹은 수술을 진행한다. 정확한 진단이 있을 때 정확한 처방을 내릴 수 있다. 하나님께서도 인간을 향하여 이렇게 진단과 처방을 내리셨다.

"하나님이 세상을 이처럼 사랑하사 독생자를 주셨으니 이
는 그를 믿는 자마다 멸망하지 않고 영생을 얻게 하려 하심이
라"(요 3:16).
"그가 우리 죄를 없애려고 나타나신 것을 너희가 아나니 그에
게는 죄가 없느니라"(요일 3:5).

하나님은 인간이 죄로 인해 멸망할 수밖에 없는 존재라는 사실을
진단하셨고, 그에 따른 처방으로 독생자 예수를 주셨다. 예수 그리
스도께서 우리의 죄를 담당하시기 위해 이 땅에 오셨고 십자가에서
피 흘리심으로 우리의 죄를 영원히 사하셨다. 지금 우리에게도 한국
교회 교회학교 생태계를 정확히 진단하고 그에 따른 처방이 절실한
상황이다.

우리는 앞선 내용을 통해 교회학교 생태계 현실을 직면하였고 진
단할 수 있었다. 교회학교를 지탱하던 결혼과 출산을 통한 학생 수
유지는 더 이상 불가능하다. 교회 안에서 기다리며 교회학교 사역을
할 수 있는 시대는 저물었다. 이제 우리가 해야 할 일은 기존의 방식
이 아닌 새로운 사역 현장을 발굴하고 교회에 적용할 수 있는 생태
계를 조성하는 것이다. 여러 가지 대안이 있겠지만 지역교회와 함께
지역학교에 예배를 세우는 '학원복음화 인큐베이팅 운동'을 대안으
로 제시하고자 한다. 이 방식은 교회 안에 국한되어 있던 교회학교
사역이 교회 밖 학교와 가정과 연결되어 '교회↔학교↔가정'이 함께
생태계를 구축하는 운동을 말한다. 학교 안에 기도와 예배모임을 개

설하여 믿지 않는 청소년들에게 복음을 전하고 자연스럽게 교회로 초대하여 교회에 정착할 수 있도록 돕는 것이다.

이제 본격적으로 학원복음화 인큐베이팅 운동을 소개하기 앞서 교회의 '경쟁 상대'(이렇게 표현해야 한다는 사실이 마음이 아프지만 어느 부분에서는 이미 교회를 뛰어넘었기 때문에 양해를 구하며 경쟁 상대라고 감히 표현하겠다), 타 종교와 이단들이 어떻게 다음세대 포교를 위해 그들만의 생태계를 구축했는지 살펴보고자 한다.

2장

다음세대 전략, 타 종교와 이단을 벤치마킹하라!

타 종교와 이단들도 인구 감소로 인해 다음세대 학생 수가 감소하였다. 기독교와 똑같은 상황 가운데 있는 것이다. 그러나 이들은 기독교와 다르게 대처했다. 여기서 엄청난 차이가 벌어졌다. 타 종교와 단체들은 15년 전부터 철저하게 뉴노멀을 준비했다. 미래세대 포교를 위한 TF팀을 조직하여 비전과 전략을 구축했고, 이를 통해 600만 명의 학령인구가 있다는 사실에 주목했다. 대한민국의 다음세대 600만 명이 있는 학교를 대상으로 학원 사역을 준비하기 시작했다. 이를 위해 사단법인, 재단법인 등을 설립하여 교육부, 여성가족부, 문화체육관광부 등 정부 주무 부처와 MOU를 체결하여 학원 선교에 올인하고 있다. 그 결과 타 종교와 이단들은 기독교와 달리 부흥하고 있다.

반면, 기독교는 교회학교 생태계가 쇠퇴를 넘어 붕괴되고 있다. 이를 극복하기 위해 타 종교와 이단들이 어떻게 다음세대 사역을 하고 있는지 그들의 생태계와 전략을 연구하고 적극 벤치마킹해야 한다. 그렇다면 우리는 어떤 시각을 가지고 벤치마킹을 하면 좋을까? 대기업에서 신규 사업 진출 및 신규 서비스 개발을 위해 시장 조사를 하고 사업 타당성 결론을 내리는 방식을 응용해 보겠다.

스타트업을 시작할 때 무엇보다 중요한 것이 시장(Market)이다. '시장 현황'(적)에 대해서 정확히 알고, '자신의 사업 아이템과 역량'(나)을 객관적으로 평가하여 사업을 추진한다면, 쉽게 실패하지는 않을 것이다. 시장을 모르고 사업을 진행하는 것은 제대로 된 무기조차 갖추지 않고 전장에 임하는 것과 같다. 한국교회는 지금 '다음세대'를 외치고 있다. 그러나 한국교회는 가장 기본적인 다음세대 인구 현황(시장 조사) 데이터가 없다. 이 말을 시장 조사에 대입하면 한국교회 다음세대 사역은 실패할 확률이 굉장히 높다는 것이다.

실제, 대기업에서는 신규 사업 진출 및 신규 서비스 개발에 시장 조사를 반드시 수행한다. 불확실한 상황에서 고객의 정확한 필요(Needs)와 경쟁 현황 파악, 향후 시장 전망 추이 등을 정확히 인지하지 못하면, 사업에서 실패할 확률이 높기 때문이다. 이에, 실제 사업화 이전에 반드시 신규 사업 TF팀을 구성하여 사업타당성 분석을 위한 시장 조사를 진행하는 것이 일반적이다. 물론 시장 조사도 고객 수요 조사, 경쟁사 벤치마킹 조사, 시장 전망 조사, 사례 분석 조사, 유통망 확보 조사 등 각 목적에 따라 다양하게 수행한다.

그래서 1장에서 인구 현황에 대한 부분을 최대한 쉽고 자세하게 말한 것이다. 그 다음 단계로 이제 우리의 경쟁 상대인 타 종교와 이단들을 벤치마킹 조사할 것이다. 간략하게 종교 및 단체 소개, 전도 방법, 효과, 미래 모습 등을 살펴보겠다.

불교

불교는 기원전 6세기경 샤캬족의 왕자로 태어난 고타마 싯다르타(Siddhārtha Gautama)에 의해 창시되었으며 현 네팔과 인도 북동부 지방에 있던 마가다(Magadha) 왕국을 중심으로 성립되었다. 인도 마우리아 왕조(B.C. 4-2년)의 3대 왕이었던 아소카가 정복 전쟁을 일으켜 승리하였으나 전쟁의 참상에 큰 충격을 받고 불교로 귀의하며 인도 전역과 타 지역으로 불교가 전해지는 계기가 되었다. 불교는 교조인 고타마 싯다르타의 가르침을 따르는 종교이며, 깨달음을 얻어 궁극적으로 부처가 되는 것을 목표로 한다. 인도에서 불교는 원시 불교, 부파 불교, 대승 불교, 밀교의 순으로 전개되었는데 불교의 사상도 이러한 전개와 밀접한 관련을 가지고 있다.

한국의 불교는 삼국 시대에 중국을 통해 전래되었다. 삼국 시대, 남북국 시대, 고려 시대의 왕들은 왕즉불(王卽佛) 사상을 개발해 왕이 곧 부처라고 했다. 이에 힘입어 한국 불교는 현세구복적, 호국적인 특성을 띠고 있는데 호국 불교 신앙으로 국가를 보전하고, 보호한다는 강력한 통치 이념의 근거를 마련하는 계기가 되었다. 고구려, 백제, 신라, 가야, 통일신라, 발해에서는 전국에 불교를 퍼트리는 것을 국가적 사업으로 삼았고 원효, 의상, 원광 등 고승이 등장해 한국 불교 사상의 기틀을 잡았으며 현대까지 남아 있는 대부분의 오래된 고찰들이 대부분 이 시기에 건립되었다.

다음세대 포교 전략

과거와 달리 현대 사회는 탈종교의 경향과 맞물려 무종교 인구가 최근 63% 이상으로 솟구치고 있다. 불교계도 불자로서의 정체성 약화에 따른 불교 신자와 출가자의 감소 추세에 반전을 가져올 대안 마련이 시급한 상황이다.[9] 한국리서치가 작년 12월 발표한 '2022 종교인식조사' 종교 호감도 1위에 불교가 뽑혔다. 불교가 얼마나 다음세대를 생각하고 고민하고 달려가는지 볼 수 있는 대목이다.

앞서 1장에서 보았듯이 우리나라는 인구 추이 발표를 통해 미래를 예측하며 각 세대 영역별 할 수 있는 최선의 노력으로 미래를 준비하고 있다. 이 자료는 전 세계 사람들이 볼 수 있도록 공개되어 있다. 한국교회도 인구 추이를 통해 교회학교가 사라지고 교회학교 생태계가 붕괴될 것을 이미 알고 있었다. 그러나 철저한 대비는 찾아보기 힘들었다. 반면 불교는 종단 차원의 적극적인 대처가 있었다. 불교는 2014년부터 종단혁신과 백년대계를 위한 사부대중 100인 대중공사, 불교사회연구소, 불교 미래세대위원회 한국불교문화사업단 등 다양 전문 TF팀을 조직, 운영하였다.

불교는 '다음세대 청소년들에게 어떻게 하면 불교를 전할 수 있

---

9 이상훈, "MZ세대 불교와 게이미피케이션", 「불교문화」(2023. 7.).

을까?'라는 간절함에서 각계 각층의 전문가들이 브레인스토밍을 통해 비전과 전략을 수립하기 시작했다. 2014년 한국교육개발원 여론조사에서 초·중·고등학교 모두 현재보다 더 중시해야 할 교육 내용 1순위로 '인성교육'을 뽑았다는 사실을 알게 된 불교계는 템플스테이를 적극 활용하기 시작했다. 그렇게 2014년 여성가족부와 한국불교문화사업단은 청소년 가족의 '템플스테이' 연계 및 지원을 위한 MOU를 체결했다. 당시 문화체육관광부의 조윤선 장관은 템플스테이가 한국을 대표하는 전통문화 체험으로 자리 잡은 것은, 그만큼 참가자들에게 치유와 감동을 전하기 때문이라며 템플스테이가 최근 우리 사회의 큰 문제로 대두되고 있는 청소년 인성교육과 가족 갈등 해소를 위한 좋은 기회가 될 것을 기대한다고 말했다. 한국불교문화사업단장은 템플스테이가 단순히 산사(山寺)에서 머무는 것을 넘어 다양한 문화를 체득하고, 새로운 소통과 치유의 창구를 만나는 것이라 말하며 향후 청소년과 가족 계층을 위한 특화 프로그램을 적극 개발하고, 우리 국민의 행복 증진을 위해 노력할 것이라고 말했다.

템플스테이 프로그램을 잠시 살펴보겠다. 템플스테이는 108배, 염주 만들기, 포행, 참선 명상, 새벽예불 등의 프로그램으로 구성되어 있다. 기독교로 표현하면 불교식 '예배'다. 국민에게 행복을 준다는 템플스테이는 결국 불교 예배인 것이다. 불교가 국가와 MOU를 체결하여 불교 신앙을 전 세계에 공유할 수 있게 된 이유는 철저한 시장 조사가 있었기 때문이다. 인구 현황을 조사하고, 그들의 필요를 조사하고, 경쟁 상대를 연구하고, 사업타당성을 검토한 뒤 템플스테이를 시작한 것이다. 불교의 고유 언어를 아닌 모두에게 다가갈 수 있는 언어를 찾은 것이다. 이제 템플스테이는 마음을 힐링할 수 있는 특별한 체험으로 자리매김했다.

템플스테이 효과

2022년, 템플스테이 20주년이 되었다. 연간 50만 명이 사찰에서 진행되는 템플스테이에 참여하며, 20년 동안의 누적 참여 인원은 600만 명이라고 한다. 과연 한국교회에 연간 50만 명이 방문하는가? 대형교회를 제외한 70%의 미자립교회들은 1년에 1-2명 방문하는 것도 흔치 않은 점을 볼 때 이는 실로 엄청난 파급력이다.

각종 매체를 통해 연예인들이 템플스테이에 참여하는 모습이 나오자 MZ세대에게 템플스테이는 흥미를 불러일으켰고 불교는 미래세대인 다음세대에게 문화로 자리 잡았다. 이제 사람들에게 불교는 오래된 종교가 아닌 대한민국을 넘어 세계적인 K-문화로 자리를 잡았다는 현실에 기독교가 배워야 할 점이 정말 많다.

또한 불교미래세대위원회의 신희정 창원중앙고등학교 교사는 현대 청소년들은 제도화된 종교, 전통이나 도덕과 같은 눈에 보이지 않는 가치로부터 관심이 멀어지는 반면, 물질적이고 감각적인 즐거움에 쉽게 동요되고 있다고 보고한 바 있다. 그리고 이러한 물질·감각적인 즐거움에 빠져 쉽게 괴로움을 느끼지만, 정작 괴로움의 정체와 원인은 무엇인지 궁금해하지 않고 회피하고 있다고 진단했다. 이어 해결 방안으로는 '인문학으로서의 불교'를 제시했다. 심리분석,

임상심리학, 문학과 철학, 그리고 역사 등 인문학의 방식과 힘을 빌려 불교는 청소년이 겪는 괴로움을 원천적으로 제거하고, 회복하는 방법과 내면을 통찰하는 지혜를 길러 주는 방법을 택했다. 불교 고유의 언어로 포교·전법하려는 목적보다는 청소년들이 스스로 마음을 돌아보고 행복한 삶의 의미를 찾을 수 있는 방식으로 다가가야 함을 제시했다.

현재 불교는 템플스테이를 통한 인성교육과 인문학을 필두로 다음세대에게 자연스럽게 다가가고 있다.

미래 모습

우리는 템플스테이가 현재 전국에서 어떻게 진행되고 있는지 살펴볼 필요가 있다. 제주도를 예로 들면, 먼저, 템플스테이는 제주교육청과 MOU를 체결하여 공신력 있는 기관으로서 '관 대 관'으로 활동한다. 둘째, 제주교육청 주관으로 '템플스테이' 교원 힐링 직무연수를 진행한다. 셋째, 제주도 관내 초·중·고등학교에 공문을 발송하여 학생들이 템플스테이에 참여할 수 있도록 독려한다. 넷째, 전국의 초·중·고 학생들이 사찰에서 진행되는 템플스테이에 참여하여 불교를 자연스럽게 접하게 한다. 불교는 템플스테이라는 플랫폼을 구축하여 불교 문화를 경험할 수 있는 생태계를 만들었다. 이 결과 600만 명의 사람들이 템플스테이를 통해 불교 예식을 경험했다. 절은 신비함과 동시에 문화라는 코드로 MZ세대에게 핫플레이스가 되었다. 그뿐만 아니라 K-문화를 대표하는 트렌드로 자리 잡았다.

하나님의교회

하나님의교회 설립자인 안상홍은 1918년 1월 13일, 전북 장수군 계내면 명덕리에서 태어났으며, 부산시 해운대구 우일동에서 어린 시절을 보냈다. 1937년 일본으로 건너갔다가 1946년 10월 귀국하였다. 1947년 7월, '제칠일안식일예수재림교회'에 입교하였다. 그리고 1948년 12월 16일에 인천시 낙섬에서 안식교의 목사인 이명덕에게 침례를 받았다고 주장한다.

1953년부터 계시를 받기 시작하였다는 그는 1962년 여러 명과 함께 안식교를 탈퇴하여 1964년 4월 28일 부산에서 처음으로 '하나님의교회 예수증인회'를 설립하였다. 자신을 보혜사 성령 혹은 육신을 입고 온 하나님이라고 주장했었으나, 1985년 2월 25일 67세의 나이로 부산의 한 식당에서 식사를 하던 중 뇌졸중으로 사망하였다.

그의 사후, 남은 자들이 분열되면서 일부가 수도권으로 본부를 옮겼다. 현재는 경기도 성남시 분당구에 본부를 만들고 교세를 확장하는 중에 있다. 하나님의교회는 90년대 들어서면서 폭발적으로 성장했다. 교주이자 자신을 재림 예수라고 한 안상홍이 죽었는데도 계속해서 성장해 가는 이유는 무엇일까? 거기에는 죽은 아버지 하나님 안상홍이 재림주로서 '강림'한다는 믿음과 또 한 사람 장길자라는 '어머니 하나님'이 있기 때문이다. [10]

---

10 『이단 사상 비판』, 정현일, 백석대학원.

다음세대 포교 전략

하나님의교회는 두 가지 전략으로 미래세대에게 다가가고 있다. 하나는 글로벌 복지 활동인 국제위러브유운동과 또 다른 하나는 청소년 인성교육이다.

하나님의교회에서 만든 사단법인 국제위러브유운동본부는 1990년대부터 한국에서 활동했으며 2001년에 공식 출범했다. 현재는 현재 65개국 241개 지역에서 15만 5천여 명의 회원들이 아동, 여성, 노인, 장애인, 이재민과 난민, 빈곤 가정 등 사회적 약자들의 복지 증진, 공동체의 소통과 화합을 위해 다각적 활동을 하고 있다.

'Save The World 캠페인'을 통해 클린월드운동, 헌혈하나둘운동, Saving Humanity, 새생명 사랑의 콘서트, 새생명 사랑 가족걷기대회 등 다양한 캠페인을 진행하고 있다. 국제위러브유운동본부는 UN DGC(전 UN DPI, 유엔 공보국) 협력 단체로 등록된 국제NGO로서, 국제 사회 최대 공동목표인 유엔 지속가능발전목표(UN SDGs) 달성을 지원하고 있다. 또한 지속 가능한 복지를 위하여 세계 각국 정부, 지방자치단체, 기관 등과 네트워크 및 파트너십을 구축해 초국가적인 국제 협력을 진행하고 있다.

국제위러브유운동본부는 국가와 민족, 언어, 문화를 초월해 재난, 질병, 빈곤 등 위기에 처한 사람들이 차별 없이 존중받고 평화롭게 갈 수 있도록 글로벌 복지 활동을 전개하고 있다. 이 모든 활동을 어머니가 가족 구성원 한 사람 한 사람을 귀하게 생각하며 가족의 생명과 화목을 위해 아낌없는 사랑과 희생을 베풀듯이, 전 세계

인류를 한 가족으로 여기는 '어머니 사랑의 마음'을 근간으로 한다는 설명을 통해 자연스럽게 '어머니 하나님' 장길자를 소개한다.

국제위러브유운동본부와 함께하는 기관은 환경부, 보건복지부, 서울특별시, 경기도, 수원시, 세종병원, 국가청소년위원회, 인천광역시, 한국아동학대예방협회, 한국청소년상담복지개발원, 한국청소년활동진흥원 등이다. 이를 통해 알 수 있듯이 기독교 입장에서 하나님의교회가 만든 국제위러브유운동본부는 이단이지만 국가 기관에서 바라보는 시각은 사단법인이다.

또한 하나님의교회는 명사 초청 청소년 인성교육을 통해 전국에 있는 청소년들을 만나고 있다. 이들의 전략은 교육청과 연계하여 명사들을 초청하고 청소년 인성교육을 통해 국가와 교육청, 학부모, 청소년들의 필요를 채워 주고 있다.

판교에서는 2,500여 명의 청소년들을 대상으로 인성교육을 진행했으며, 경남남부연합회와 경남서부연합회는 인근 지역 청소년과 학부모를 비롯해 경남도교육청 교육감 및 장학관, 경남도의회 교육위원장, 다수의 학교장이 참여한 가운데 창원 KBS홀에서 1,800여 명이 모여 각종 문화 행사와 더불어 청소년 인성교육에 관한 명사 초청 강연을 개최했다.

이처럼 서울, 경기, 인천 등 수도권 지역뿐만 아니라 전국 모든 도시에서 교육청들과 연계하여 인성교육을 진행하고 있다. 이를 통해 하나님의교회는 전국에 있는 수많은 청소년과 만날 수 있는 접점을 만들어 자연스럽게 그들에게 포교하고 있다.

효과

요즘은 과거와 달리 전국에 있는 도시와 동네 중심지에서 하나님의교회 간판을 쉽게 찾아볼 수 있다. 단순히 무리한 빚으로 인해 부도난 교회 건물을 사서 간판을 설치하는 개념이 아니다. 신도 수가 계속해서 늘어나고 있기 때문에 건물을 늘릴 필요가 생겨 사는 것이다. 또한 하나님의교회 구성원 대부분이 역동적인 젊은 층이다. 반면 교회는 점점 성도 수가 감소하고 있고 대부분 중·장년층으로 구성되어 있으며, 역동성도 쇠퇴하고 있음을 비교해 보아야 한다.

미래 모습

하나님의교회는 전 세계의 최대 관심사인 기후변화에 가장 발 빠르게 움직이는 곳이다. 환경운동을 통해 우리나라뿐만 아니라 국제사회에 영향력을 나타내고 있다. 하나님의교회는 사회와 세계의 관심사에 민감하게 반응하여 대안과 전략을 내놓고 있다. 동시에 교육청과 다음세대의 관심사에도 발 빠르게 반응하여 대안과 전략을 지속적으로 최신화하고 있다. 다가오는 미래에 발 빠르게 대처하고 적응하는 모습에 감탄이 나온다.

신앙이 없는 사람들의 눈에 하나님의교회는 참 매력적으로 다가올 것이다. 그 결과 1990년대 이후 폭발적으로 성장하고 있고 미래 전망도 밝다.

구원파

　교회라는 이름을 걸고 한국에서 활동하는 집단 가운데서 그 정체성을 규명하는 것이 가장 어려운 집단이 바로 구원파일 것이다. 구원파는 다른 이단들처럼 다른 경전을 성경과 나란히 취하지 않고, 오히려 교회와 마찬가지로 성경에 호소한다. 또한 신천지나 하나님의교회와 같은 일반 이단이 가진 교주 사상도 상당히 희박하다. 게다가 늘 성경 해석을 통해서 자신들의 입장을 세우기 때문에, 평신도들이 그 오류를 간파하기가 쉽지 않다. 구원파는 박옥수라는 인물의 지도력 아래 형성되고 성장하였기에, 그가 누구인지를 먼저 파악할 필요가 있다.

　박옥수는 1944년 6월 2일 아버지 박재득과 어머니 최수만 사이에서 4남 1녀 중 셋째로 태어났다. 그는 경북 선산군 선산면 선산장로교회를 다녔다. 박옥수는 교회를 다니면서도 죄를 범하는 생활을 했고, 자신이 범한 죄에 대하여 깊은 가책을 느껴 기도원을 전전했다. 여러 목사를 찾아 그 죄를 고백도 해 봤지만 죄 사함에 대한 분명한 확신을 가지지 못했다.

　박옥수는 선산중학교를 중퇴한 후 서울 삼각지에 있는 국립기술학교를 다녔다. 그러다 1962년 19세 때 딕 욕(Dick York) 선교사를 만나 죄 사함의 비밀에 대하여 알게 되었다고 한다. 박옥수는 선교사에게서 '구원받지 못하면 전도도 할 수 없다'는 이야기를 듣고 구원에 대한 문제로 고민하게 되었다. 구원과 관련하여, 특별히 죄 문제를 어떻게 해결하는지와 관련하여 그의 고민이 깊었던 것으로 보인다.

> "교회에 와도 괴롭고, 나가도 괴롭고, 죄 때문에 할 수 있는 것
> 을 다 해 봤다. 자백도 해 보고, 회개도 해 보고, 눈물도 흘려
> 보고, 금식기도도 하고 철야도 하고, 하면 할수록 내 마음의 죄
> 는 무거워지기만 했다."[11]

이처럼, 죄에 대한 가책으로 괴로워하던 그는 성경을 깊이 상고
하는 중에 예수님의 보혈로 죄가 다 씻어지는 구원에 대한 깨달음
을 얻어 1962년 10월 7일에 거듭났다고 주장한다. 이것이 계기가 되
어 딕 욕을 비롯한 세 명이 설립한 믿음의방패선교회(Shield of Faith
Mission)의 선교신학교에 입학하여 1964년에 졸업했으며, 1971년에
딕 욕 선교사에게서 목사 안수를 받았다고 한다. 그는 1976년에 '한
국복음선교학교' 및 '기쁜소식선교회'를 조직했다. 1995년에는 '국제
청소년연합'(IYF)을 조직했다.

다음세대 포교 전략

• 국제청소년연합(IYF)

국제청소년연합(이하 IYF)은 1995년 조직되어 2001년 사단법인

---

11 박옥수, 『죄사함 거듭남의 비밀』, 기쁜소식사(2006).

으로 설립허가를 받았다. 교회학교에 유치부, 초등부, 중등부, 고등부, 대학부, 여타 다양한 부서가 있듯이 IYF에도 다양한 브랜드가 있다.

월드문화캠프, 굿뉴스코 해외봉사단, 대학생리더스컨퍼런스, 굿뉴스코페스티벌, 세계문화댄스페스티벌, 세계문화엑스포, 영어말하기대회, 세계청소년부장관포럼, 국가공무원포럼, IYF교육포럼, 공동육아커뮤니티(맘키움, 맘오니, 맘소울, 맘드림, 주부동아리 맘톡), 월간 투머로우 등 각 계층별, 연령별, 세대별로 접근하여 신앙이 연계될 수 있도록 촘촘하게 다음세대 사역을 하고 있다. 월드문화캠프 같은 경우 우리나라에서 해마다 11박 12일 동안 진행되고 있으며 50여 국가의 7,000여 명의 청소년들이 함께하는 전 세계적인 문화캠프가 되었다. 이를 통해 단순히 캠프로 끝나는 것이 아닌 앞에서 말한 다양한 IYF의 다양한 프로그램들과 연계되어 지속적으로 소통하며 영향력을 나타내고 있다.

• 링컨하우스 스쿨

대안학교로 시작한 링컨하우스 스쿨은 현재 사립형 대안학교로 중학교, 고등학교 인가를 받았다. 여타 개신교 기독교 대안학교와 달리 서울대, 카이스트, 고려대 등 국내 상위 대학교의 진학율이 강점이다. 개신교 기독교 대안학교는 검정고시를 아무리 잘 봐도 내신으로 인해 국내 대학 입학에 한계가 있기 때문이다. 그러나 링컨하우스 스쿨이 한계를 극복했다는 점에서 개신교 기독교 대안학교들이 벤치마킹을 할 부분이 존재한다. 개신교 기독교 대안학교들은 교육청과 소통한다고는 하지만 구별된 느낌이 강하다. 그러나 링컨하우스 스쿨은 교육청과 사회와 소통하며 긍정적인 사립형 대안학교로 자리 잡아 가고 있다는 점을 개신교에서도 연구해야 할 것이다.

• 새소리음악중고등학교

2009년 설립된 그라시아 음악학교는 2018년 새소리음악중고등학교로 교명을 변경하였다. 새소리음악중고등학교는 대전시교육청의 인가를 받은 학력 인정 대안학교다. 링컨하우스 스쿨은 구원파의 신앙관이나 세계관을 확실히 나타내는 학교라고 본다면 새소리음악중고등학교는 음악을 사용하여 사회에 영향력을 내는 전략을 사용하고 있다는 점을 주목해야 한다. 팀 켈러는 도시선교를 주장했지만, 구원파는 도시를 넘어 국가에 영향력을 미치고 있다는 점에서 그들의 전략을 연구해야 할 필요가 있다.

• 국제마인드교육원(IMEI)

1995년부터 청소년들의 진정한 행복 추구과 건강한 인성 함양에 뜻 있는 사람들을 모아 국내외 50여 개국 청소년을 대상으로 지속적인 인성교육을 실시해 왔다. 그러던 중 2012년 7월 '세계청소년 부장관포럼'에서 20여 개국의 장관들이 모여 지식 위주의 현 공교육의 한계를 주장하며 인성교육을 시행하자는 공동선언문을 발표하였다. 그 뜻을 실현하기 위해 이듬해인 2013년 한국에서 공식적으로

'국제마인드교육원'이 설립되었다. 마인드교육은 초·중·고등학교, 의경, 군부대, 군간부 등 모든 각계각층에서 인성교육을 통해 자연스럽게 스며들고 있다.

효과

구원파의 국제청소년연합(IYF), 국제마인드교육원(IMEI), 학원 사역(링컨하우스 스쿨, 새소리음악중고등학교) 등 조직적이고 체계적인 전략은 대한민국을 넘어 세계 50여 개 국가와 MOU를 체결해 교육선교를 통해 확장되고 있다. 구원파는 국회의 초청을 받아 행사도 진행하고 UN대사 모임에도 참여한다. 바울처럼 영향력 있는 사회 각계각층을 통해 도시와 국가에 포교하고 있다.

미래 모습

구원파의 영향을 받은 연예인들과 사회 저명 인사들이 유튜브를 통해 성경 강의를 하고 있는데, 조회 수가 거의 100만 회에 육박한다. 대형 교회 목사님들의 성경 강의에 100만 조회 수가 있는가? 한 명의 연예인의 성경 강의가 유튜브라는 플랫폼을 통해 엄청난 파급 효과를 일으키는 세상이다.

단월드

단월드 이승헌 총재는 뇌 중심 훈련 방법과 프로그램인 뇌교육을 개발한 대한민국의 기업인이자 명상가이다. 1950년 12월 23일 대한민국 충청남도 천안군 성남면 대흥리(현 천안시 동남구)에서 태어났다. 그는 단국대학교 체육교육학과 출신으로, 현대 단학과 뇌교육 시스템트레이닝을 접목해 창시하였는데, 이 프로그램이 뇌 운영 및 뇌 훈련 프로그램으로 몸과 마음의 통합력을 증대시키고, 유연하고 개방적인 마인드를 갖도록 해 주며, 뇌의 창조성을 개발하도록 도와준다고 주장한다.

현재 국제뇌교육종합대학원대학교 총장과 글로벌사이버대학교 총장으로 재직하고 있다. 또한, 한국뇌과학연구원의 원장이며, 유엔 글로벌콤팩트(UN Global Compact)에 가입한 NGO인 국제뇌교육협회 회장을 맡고 있다. 그리고 한민족의 역사와 문화를 연구하고 교육하는 사단법인 국학원과 명상교육기관인 주식회사 단월드, 그리고 기업교육 기업 HSP컨설팅 유답을 설립하였다. 2011년 9월 출간한 영문 저서『세도나 스토리』(The Call of Sedona)가 2012년 2월 뉴욕타임스, 워싱턴포스트, USA투데이, LA타임스 등 미국 유력 4대 일간지 베스트셀러에 올랐다. 그는 30년간 홍익정신과 뇌교육을 세계에 알린 자랑스러운 한국인으로 국민훈장을 받았으며, 부산광역시 명예시민, 대전광역시 명예시민, 제주특별자치도 명예도민이자 세계평화의 섬 명예홍보대사이기도 하다. 이승헌은 2006년부터 건강하고 행복하고 평화로운 인류 사회를 실현하기 위한 지구시민운동(뇌활용행복만들기운동)을 주창하여 전 세계적인 캠페인으로 펼치고 있다.

이런 화려해 보이는 그의 이력들만 보면 공신력 있는 인물이자 단체인 것 같지만 실상은 전혀 다르다. TV 프로그램 SBS 〈그것이 알고 싶다〉를 통해서 드러난 실체는 추악했다. 본인이 스스로 지구를 구하기 위해 왔다고 주장하지만, 그동안 악행을 저질렀음이 드러났다.

다음세대 포교 전략

• 벤자민인성영재학교

이승헌은 홍익정신을 교육하는 사단법인 국학원을 설립하고, 인간이 가진 무한한 뇌의 능력을 개발하고 활용하는 뇌교육을 창안했다. 뇌교육을 연구하고 인재를 양성하는 국제뇌교육종합대학원대학교와 글로벌사이버대학교도 설립했다. 그리고 마침내, 그 모든 노력과 결실을 토대로 벤자민인성영재학교를 설립했다. 벤자민인성영재학교는 2014년에 설립, 2022년 충남교육청 등록 대안기관으로 허가를 받았다. 여성가족부장관상 3회, 환경부장관상 1회, 교육감상 2회, 서울특별시장상 1회, 부산시의회 의장상 1회 수상 등 공신력 있는 대안기관으로 알려져 있다.

• 국제뇌교육종합대학원대학교

단월드는 뇌교육 인성교육 프로그램을 개발하여 초·중·고등학교에 찾아가 수업을 하고 있다. 그뿐만 아니라 교사직무연수, 학부모 대상 교육까지 진행하고 있으며 학교장 행복힐링 연수를 통해 교장단 직무연수도 진행하고 있다. 해마다 국제뇌교육종합대학원대학교가 주최하는 현장 중심 인성교육 우수사례 발표대회를 통해 초·중·고등학교 동아리 및 학교 부문 우수사례를 선정하고 있으며, 단월드의 핵심 사상인 'Love myself, Love yourself, Love ourself'를 학교 현장에 보급하는 운동을 펼치고 있다.

• 글로벌사이버대학교

글로벌사이버대학교는 문화영역을 통해 다음세대에게 영향력을 끼치고 있다. BTS, TXT, ATEEZ 등 다양한 K팝 스타들이 글로벌사이버대학교 출신이며 이외에도 150여 명 이상의 학생이 연예인을 준비하고 있다.

BTS 같은 경우 전 세계적인 스타가 되었고, UN에서 연설을 통해 전달한 메시지 'Love myself, Love yourself, Love ourself'와 앨범 〈Love yourself〉는 전 세계적으로 알려졌다. K-문화를 통해 단월드의 핵심사상이 전 세계에 홍보되는 효과가 만들어진 것이다.

이처럼 단월드는 다음세대의 필요를 알고 교육과 문화라는 영역을 통해 자연스럽게 다음세대에게 스며들고 있다. 그뿐만 아니라, EBS, 하우교육방송 등 교육영역을 통해 단월드의 세계관이 대한민국 600만 명의 다음세대에게 전해지고 있다.

효과

타 종교와 이단들처럼 단월드 또한 학원선교에 힘쓰고 있다. 청소년부터 군대에 이르기까지 다음세대의 모든 연령에 맞춘 플랫폼과 대안과 전략을 통해 그들과 수많은 접점을 만들어 관계를 맺어가고 있다. 과거 단월드의 기체조, 명상 등은 소수에 불과하다. 지금은 다양해진 전략을 통해 단월드의 세계관이 대한민국을 넘어 전 세계에 보급되었다. 일회성, 단기간이 아닌 장기적인 플랫폼을 구축하고 생태계를 조성한 결과가 확실하게 나타나고 있다.

미래 모습

홍익인간 사상과 여러 가지 이론을 섞어 만든 단월드의 사상이 전 세계적으로 인정받는 뇌과학이 되었다. 국제뇌교육종합대학원대학교를 통해 단월드는 뇌과학 분야 표준화를 만들어 가고 있다. 이 분야에서 최고가 되겠다는 그림이다. 뇌 영역은 지금도 화두이며 앞으로 더 발전할 분야다. 이 분야를 단월드가 선점하고 있는 것이다. 이 분야는 잠재적 미래세대를 만날 수 있는 확실한 길이다. 우리나라뿐만 아니라 전 세계가 관심을 가지고 연구하는 뇌과학 분야를 통해 다음세대를 만날 수 있는 뇌과학 생태계와 콘텐츠를 촘촘히 구축해 다음세대에게 포교할 것이다.

이제 어떻게 해야 하는가?

우리의 경쟁 상대인 타 종교와 이단들이 어떻게 다음세대에게 다가가고 있는지 그들의 비전과 전략을 살펴보았다. 과거에는 타 종교와 이단들에 관한 자료를 쉽게 접할 수 없었다. 현대종교 이단연구소 같은 전문 단체를 통해서만 접할 수 있었다. 하지만 지금은 타 종교와 이단들의 정보를 쉽게 접할 수 있다. 그 이유는 그들이 스스로 플랫폼을 만들어 전략과 대안을 적극 홍보하고 있고, 실제 사례들을 언론을 통해 대대적으로 홍보하고 있기 때문이다.

한국교회가 쇠퇴하는 동안 타 종교와 이단들은 자신들의 한계를 극복하기 위해 부단히 노력했다. 이러한 과정들을 통해 사이비, 이단이라는 이미지에서 사회에 영향력이 있고 긍정적인 이미지로 탈바꿈하는 데 어느 정도 효과를 거뒀다. 교회에서는 이단으로 바라보지만 사회에서는 국가기관과 MOU를 체결하는 공신력 있는 단체가 되었다. 반면 기독교는 사회가 걱정하는 공동체의 부정적인 이미지가 고착화되고 있어 마음이 아프다.

타 종교와 이단들은 부흥 성장하고 있고 미래 전망 또한 밝다. 그 이유는 비전과 전략이 확실하기 때문이다. 한국교회가 표류하지 않기 위해서라도 타 종교와 이단들을 적극 벤치마킹 해야 할 것이다. 그 방법은 다음과 같다.

첫째, 다음세대 전문그룹을 조직해야 한다.

교회의 결정권자인 담임목사는 주로 장년 목회를 하고 있다. 다음세대 연령별 전문가들을 중심으로 TF팀을 구성하고 발족하여 장기적인 계획을 세워야 한다.

둘째, 다음세대에게 투자해야 한다.

"너희 보물 있는 곳에는 너희 마음도 있으리라"(눅 12:34). 타 종교와 단체들은 다음세대를 위해 막대한 예산을 쏟아붓고 있다. 왜냐하면 다음세대를 향한 간절함이 있기 때문이다. 반면 한국교회는 기도는 많이 하지만 재정적 투자는 아직 미흡한 현실이다.

셋째, 독자적인 플랫폼을 구축해야 한다.

타 종교와 이단들은 자신들만의 비전과 철학을 실현하기 위한 플랫폼을 구축했다. 처음에는 비영리였지만 점차 사단법인, 재단법인으로 발전시켜 정부기관과 MOU를 체결했다.

넷째, 기독교 용어를 MZ세대가 알아들을 수 있는 언어로 표현해야 한다.

종교개혁의 가장 큰 은혜 중 하나는 우리의 언어로 성경을 읽고 이해할 수 있게 되었다는 것이다. MZ세대들이 개역개정 성경을 문해하지 못해 성경을 이해하지 못하고 있다. 성경을 가까이할 수 있도록 기독교 용어를 쉬운 현대 한글로 번역하는 과정이 필요하다.

다섯째, 다음세대의 필요(Needs)를 파악하고 찾아가야 한다.

타 종교와 이단들은 다음세대의 필요를 파악하여 다음세대가 있는 학교로 찾아가고 있다. 반면 교회는 교회에서 우리가 정해 놓은 시간, 장소, 프로그램에 참여하라고 요청한다. 더 이상 기다릴 때가 아니다. 다음세대가 있는 장소로 무조건 찾아가야 한다.

여섯째, 모든 것이 융합되는 '초연결·초지능' 시대를 살아가야 한다.

타 종교와 이단들의 전략을 보면 각계각층의 네트워크가 유기적으로 연결되어 움직이고 있음을 볼 수 있다. 반면 교회는 수직적인 소통과 의사 결정 구조 및 수동적인 움직임 때문에 시대를 따라가지 못하고 있다. 다음세대 사역 현장은 선교 영역이 되었다. 선교는 혼자 감당할 수 없다. 유기적으로 연결되고 움직여야 가능하다.

일곱째, 교회의 연합 운동이 일어나야 한다.

타 종교와 이단들은 교주와 설립자를 중심으로 일사분란하게 움직인다. '다음세대'라는 목표가 정해지면 그곳을 향해 물적, 인적 모든 자원과 네트워크가 움직인다. 반면 교회는 연합해야 한다는 것을 알지만, 쉽지 않은 상황이다. 교회학교 생태계가 사라져가고 있는 때에 '다음세대' 복음화를 위해 예수 그리스도 안에서 연합해야 한다. 교회학교가 살아나는 방법은 교회의 연합 외에는 다른 방법이 없다.

우리는 2장을 통해 다음세대를 향한 타 종교와 이단들의 비전과 전략을 살펴보았다. 이를 통해 알 수 있듯이 이들은 말로만 '다음세대'가 아닌, 진심과 행동으로 '다음세대'에 올인(All In)하고 있다. 그 이유는 다음세대에게 단체의 존망이 달려 있기 때문이다.

타 종교와 이단들이 '다음세대'에 올인하고 있는 때에 한국교회는 교회 밖 600만 명의 다음세대를 향해 어떤 대안과 전략이 있는가?

다음세대 맞춤 선교 전략인 학원복음화 인큐베이팅 운동을 대안으로 제안하려고 한다.

Chapter
2

사역의 시작

학교에서 예배가 시작되다

학교 사역의 시작

돈을 벌기 위해 요리사가 되기로 결심하다

나의 유년 시절은 정말 가난했던 기억밖에 없다. 개척교회 목사의 아들로 자라며 집에 돈이 없다는 사실을 어려서부터 알고 있었기 때문에 부모님께 브랜드 신발, 옷 등을 사 달라고 쉽게 말하지 못했던 것이 떠오른다. 그때부터 나는 아주 신중하게 몇십 번 몇백 번 생각하고 구매하는 습관이 생겼다. 옷을 살 수 있는 기회가 자주 없기 때문에 5년 이상 입을 수 있고 유행을 타지 않는 튼튼한 재질의 옷을 고르고 골랐다. 또한 최대한 교통비를 아끼는 방법을 찾아야만 했다. 당시 부평에는 고등학교가 1-2개밖에 없었고 대부분 주안, 동인천 지역에 학교가 많았다. 하필 나는 부평이 아닌 타 지역으로 학교가 배정되어, 아침 일찍 지하철을 타고 등교해야만 했다. 당시에는 학생용 정액권을 구매해서 지하철을 이용했는데, 지하철역에서 내려 버스를 타거나 다른 지하철로 환승을 하면 빨리 올 수 있었음에도 돈을 아끼기 위해 매일 20분 정도 걸어서 등하교를 했다.

고등학교 진학 후, 첫 모의고사에서 나는 현실을 깨달았다. 서울에 있는 대학교는 물론 수도권에 있는 대학교 입학도 쉽지 않을 것임을 깨달았다. 나는 오래 고민하지 않고 공부를 접었다. 그리고 그때부터 진로에 대한 고민을 시작하였다. '나는 앞으로 어떤 직업을 가져야 하고 어떻게 먹고 살아야 할까.' 그때 한 만화를 보게 되었다. 〈요리왕 비룡〉 나에게 많은 영감과 통찰을 준 만화였다. 주인공이 해산물로 요리를 완성하여 손님에게 내놓으면 바닷가가 펼쳐진다. 파도가 넘실거리고, 돌고래가 뛰어논다. 음식 맛에 반해 행복해하는 손님들의 모습을 보며 나는 '바로 이거다!'라고 생각했다.

정말 단순한 선택이었다. 하지만 요리를 하기까지도 내 앞에 거대한 산이 기다리고 있었다. 첫째, 요리 학원을 다닐 수 있는 돈이 없었다. 둘째, 담임선생님을 설득하여 야간 자율학습 시간에서 빠져야 했다. 부모님께 진지하게 요리에 대해 말씀드렸다. "아빠, 엄마 난 공부로는 대학에 못 갈 것 같아. 요리를 해서 돈을 벌어야겠어. 돈 벌어서 아빠 목회 편하게 할 수 있도록 도울게." 부모님은 내가 당연히 목사가 될 것이라 생각하셨기에 적잖이 당황하셨다. 그럼에도 의외의 답변을 들었다. "요리 학원비가 얼마니? 엄마가 돈을 구해 볼게. 한번 해 봐." 이제 두 번째 산을 넘어야 했다. 인문계 고등학교에서 모두 대학을 준비할 때 혼자 요리를 한다고 말하는 게 쉬

학원복음화 인큐베이팅

운 일이 아니었다. 그 당시는 체벌이 가능하던 시기였다. 담임선생님께 혼날 각오하고 선생님을 찾아갔다. "선생님, 저는 공부로는 대학을 못 갈 것 같습니다. 요리사가 되기 위해 요리 학원 등록해야 할 것 같습니다. 야자 시간에서 제외시켜 주세요." 의외로 선생님까지 흔쾌히 허락해 주시자 나는 하나님이 나의 길을 열어 주신다고 생각했다.

요리를 배우는 과정은 만화처럼 쉽지 않았다. 하지만 인생 처음으로 재미를 느낄 수 있었다. 요리를 잘하는 편은 아니었지만, 정말 열심히 했다. 1년 후, 양식과 일식 조리기능사 자격증을 취득했다. 자존감도 올라가고 모든 일이 잘 풀리는 것만 같았다. 또한 조리기능사 자격증 2개면 4년제 대학교에 갈 수 있는 입시 전형이 생기기까지 했다. 원한다면 대학교도 갈 수 있게 되었다. 하나님께서 지긋지긋한 가난을 벗어날 수 있는 길을 인도하시고, 있는 힘껏 내 삶을 축복해 주시는 것 같았다.

갑자기 찾아오신 하나님

고등학교 3학년에 올라갈 때쯤, 알고 지내던 집사님이 꽤 규모가 큰 일식집에 일자리를 소개해 주셨다. 면접을 위해 일식집에 방문했다. 생각했던 것보다 고급스럽고 규모가 있는 일식집이었다. 무엇보다 월급 조건이 너무 좋았다. 기본급 300만 원에 팁까지 하면 대략 월 500+α만 원은 벌 수 있었다. 2000년대 초, 대학도 졸업하지 않은 고등학생에게는 정말 큰돈이었다. 나는 조리기능사 자격증으로 대학에 갈지, 일식집에 취직해 돈을 벌지 행복한 고민을 하고 있었다.

그러던 어느 날 어머니가 할 말이 있다고 부르시더니 꼭 수련회에 참석했으면 좋겠다고 말씀하셨다. 나는 단호하게 안 간다고 말했지만, 갑자기 눈물을 흘리시며 인생 마지막 수련회라고 생각하고 가보자고, 다시는 가자는 말을 안 하겠다고 하시는 어머니의 모습에 어쩔 수 없이 참석한다고 말했다.

그렇게 수련회 장소에 들어선 순간 뭔가 잘못되었다는 생각이 들었다. 알고 보니 그 수련회는 청소년 수련회가 아닌 목사님, 사모님들의 수련회였다. 그나마 위안이 되었던 점은 나같이 부모님께 속아서 온 청소년, 청년들이 꽤 보였다는 것이다. 이제 와서 생각해 보니 아마도 나에겐 목회자 자녀로서 부모님이 겪은 일들과 교회의 상황들이 상처였던 것 같다. 하나님의 계획하심을 다 이해하고 알고 있었으면 좋았겠지만 어린 나에게는 모든 상황이 그저 버겁고 힘들기만 했었던 것 같다. 그렇게 수련회 집회가 거의 끝나 가는 시점에 강사 목사님이 갑자기 축복 기도를 하시겠다며 목회자 자녀들을 앞으로 불러 모으셨다. 아무래도 피할 수 없는 분위기였다. 더욱이 목사님, 사모님들이 자신의 자녀를 위해 어찌나 간절히 기도하시던지 잊을 수가 없다. 안수 기도를 받을 때, 일어나서는 안 될 일이 벌어졌다. 갑자기 내 눈에서 눈물이 막 쏟아지는 것이다. 말도 안 되는 일이었다. 어떻게 설명할 수가 없었다. 어느새 기도 시간이 끝나 자리에 돌아가는데, 강사 목사님이 오늘 여기에 하나님의 종이 될 사람이 있다고 선포하셨다. 그때 내가 손을 번쩍 들었다. '망했다. 이건 아니다. 어떡하지?' 너무 갑작스럽게 일어난 일이었다. 나도 나의 행동을 이해할 수 없었다. 모든 사람이 박수를 치고 기뻐했다. 정작 나는 패닉 상태였다. 어떻게 나에게 이런 일이 일어날 수 있는지 이해할 수조차 없었다. 어떻게 말로 표현해야 할지 모르겠지만 이렇게 내 인생에 하나님이 훅 들어오셨다.

쉬운 게 하나도 없는 신학생

나는 목회자가 되기로 결심한 이후 요리사의 길을 내려놓고 신학대학교에 진학했다. 요리사는 한식, 중식, 일식, 양식 등 분야를 결정하고 그 길로 걸어가면 되기에 어느 정도 미래를 상상하고 계획할 수 있었다. 하지만 목회자가 되는 과정은 정말 막막하기만 했다. 진로에 대한 고민도 있었지만 여전히 나의 발목을 잡는 것이 있었다. 바로 재정이었다. 대학교 등록금 때문에 학기마다 얼마나 가슴을 졸였는지 모른다. 나는 항상 등록금 마감일까지 완납을 못했다. 이렇게까지 해서 목사가 되어야 하는지 정말 고민을 많이 했다. 나는 어떻게 해서든 등록금을 마련하기 위해 매일 3시간씩 간절히 기도하며 학교 도서관 아르바이트를 학기와 방학 중에 계속했다. 당시 시급이 1,600원이었기에 아무리 일해도 돈은 부족했고, 친분을 쌓은 도서관 관리 집사님이 일을 소개해 주셔서 다른 일들도 하며 돈을 벌었다. 대학교 3학년을 마치고서 나는 육군 헌병대에서 군대 생활을 했다. 모르는 사람들과 함께 생활하는 군대 생활은 신세계였다.

지역, 학력, 재력, 성향 등 다양한 사람을 만날 수 있는 좋은 기회였다. 힘듦도 너무나 많았지만 개인적으로 내 인생에 있어서 군대 생활은 정말 행복했다. 밥 걱정, 옷 걱정, 집 걱정을 할 필요가 없었다. 모든 기본적인 필요를 채워 주는 공간이었다. 전역하고 나서 나는 신학대학원에 진학했다. 그리고 고신 교단의 A교회에서 교육 전도사로서 첫 학교 사역을 시작했다.

갑자기 학교로 부르신 하나님

학업과 사역을 병행하며, 과연 내가 배우고 있는 이론이 교회 현장에서 작용할지, 사역자로서 어떻게 사역을 감당할지, 맡은 부서의 전문성을 지닌 사역자가 될 수 있을지 등 다양한 질문과 호기심을 가지고 사역 현장에 나갔다. 사례비와 대학원 등록금까지 지원해 준다고 하니 나는 정말 감사한 마음으로 사역을 시작했다.

그때 대학 청년 사역에 대한 비전을 품었고, 사역을 한다면 대학 청년 사역을 꼭 하고 싶었다. 하지만 담임목사님께서는 당시 24살에 미혼이었던 나에게 찬양 인도와 청소년부 사역을 맡겨 주셨다. 청소년에 대한 마음이 아예 없었기 때문에 사역에 대한 기대도 없었다. 그래도 맡겨진 사역이기에 대학생 시절 찬양 인도를 했던 경험을 살려 찬양에 모든 에너지를 쏟아부었다. 그런데 웬걸 청소년부가 갑자기 부흥하기 시작했다.

청소년부에 1년 동안 100명의 새로운 친구들이 왔다. 매주 새로운 청소년들이 왔다. 부서가 부흥하자 정말 재미있고 행복했다. 청소년 사역에도 매력이 있다는 사실에 눈을 뜨기 시작했다. 나는 당시 토요일 새벽예배를 담당하고 있었다. 새벽예배 후 예배실을 정리하고 있을 때, 갑자기 한 집사님 나를 부르셨다. 청소년부 아이의 어머니였던 집사님은 본인이 고등학교 음악 교사임을 밝히며, 오늘 기도 중에 성령님이 뜨거운 마음을 부어 주셨다며 학교에서 예배를 시작하고자 하신다고 하셨다. 그리고 그 예배 인도를 나에게 부탁하셨다. 그렇게 나는 학교 예배모임 인도자가 되었다. 2009년 1월, 나는 갑자기 학교라는 곳에 부르심을 받았다.

첫 기독교 동아리 모임, 충격의 연속

3월 새 학기가 되었다. 음악 교사 집사님께서 A학교 모임이 시작된다고 알려 주셨고 최선을 다해 예배, 레크리에이션, 소그룹 모임 등을 준비했다. 지금은 창체(창의적 체험활동) 동아리라고 하지만 당시에는 CA(Club Activity)시간이었다. CA는 1교시부터 3교시로 학사 일정이 구성되어 있었다. 드디어 설레는 첫 만남에 나는 아이들과 축복송 '축복합니다'를 불렀다. "축복합니다 주님의 이름으로" 20명 중 절반은 따라 부르지 않았다. 속으로 '왜 따라하지 않지? 이건 무슨 상황이지?' 생각을 했다. 찬양이 끝나고 설교를 하는데, 아이들이 떠들기 시작했다. 교회에서는 볼 수 없는 장면인지라 욱하는 마음이 올라왔다. 예배를 마치고 음악 교사 집사님께 아이들의 예배 태도에 대해 여쭤보았다. 그러자 집사님은 아이들이 교회를 다니지 않아서 그런 것이라고 말씀해 주셨다. 나는 순간 멍해졌다. 당연히 찬양을 불러 본 적도, 성경을 읽어 본 적도, 들어 본 적도 없기에 찬양을 부를 수 없었던 것이었고, 처음 듣는 성경 이야기에 집중할 수 없었던 것이다. 모르는 이야기를 하니 집중도 못하고 떠들고 반응도 없었던 것이다. 나는 엄청난 충격을 받았다.

교회에 안 다니는 친구들과의 첫 예배였다. 교회에 안 다니는 친구들과 함께 예배를 드리게 될 것이라고 생각해 본 적도 없었다. 이제 학사 일정으로 진행되는 기독교 동아리 모임을 어떻게 1년 동안이나 이끌어 가야 할지 막막해졌다. 나는 방법을 찾아야만 했다. 당시 내가 찾은 방법은 다음과 같다. 첫째, 학교 사역을 하고 있는 사역자 찾기. 지금처럼 페이스북이나 인스타그램 등 SNS를 통해 소통하던 시절이 아니었기 때문에 주위에서 학교 사역을 하고 있는 사역자를 열심히 수소문해 보았으나 결국 찾지 못했다. 2009년도 당시 학교 허락하에 제도권 안에서 기독교 동아리 사역을 하고 있는 사역자를 단 한 명도 찾지 못했다. 둘째, 학교 사역(스쿨처치) 관련 서적 찾기. 나는 대형 기독교 서점에서 학교 사역 관련 책이 있는지 찾아보았다. 하지만 학교 사역에 관한 책은 단 한 권도 없었다. 나는 결국 기독교 동아리 사역에 관해 물어볼 사역자도, 책도 찾지 못했다. 사역의 모델이 있거나 사역을 경험한 사역자가 있다면 참고라도 할 텐데, 뭘 어떻게 해야 하는 것인지 정말 막막했다. 신학대학원 1학년, 이제 막 청소년 사역을 시작한 초보 전도사에게 기독교 동아리 사역은 말 그대로 알아서 해야 하는 개척 분야였다.

학교 사역을 시작한 첫해에는 학교에 적응하고, 아이들과 관계를 형성하고, 3시간의 수업을 감당하고, 예배 준비를 하고, 학생 스태프를 세워 가며 눈코 뜰 새 없이 바쁘게 보냈다. 믿음이 없는 청소년들과 함께 예배를 세워 가게 될 줄 누가 알았겠는가? 하나님의 섭리는 전혀 예측할 수가 없다.

좌충우돌 학교 사역 적응기

내가 상상했던 학교 기독교 동아리 모임은 교회 혹은 수련회 현장과 같은 모습이었다.

하지만 그 모든 것은 꿈이었다. 실제 학교 현장은 다수가 교회에 다니지 않는 신세계였다. 기독교 동아리 모임은 1교시는 찬양과 예배, 2교시는 소그룹 나눔, 3교시는 다양한 프로그램으로 3개 교시 수업에 차별화를 두어 진행했다. 우선, 교회에 다니지 않는 친구들과 교회에 다니는 친구들이 함께 있었기 때문에 예배만 3시간 드릴 수는 없었다. 사실 3시간 동안 예배했으면 교회 다니는 친구들도 도망쳤을 것이다. 한두 달 시간이 지날수록 밑천이 드러났다. 더 이상 아이들에게 뭘 해 줄 수 없을 것 같다는 생각이 나를 지배하자, 나는 타들어 가는 심정으로 속이 괴로웠다.

이제 나는 학교 사역을 내려놓을 명분을 찾기 시작했다. 그런데 아무리 찾아봐도 명분이 없었다. 심지어 당일에 학교에 가지 말고 도망쳐 볼까 하는 생각도 했다. 나는 속으로 하나님은 준비도 안 된 사람을 학교에 보내서 가지고 이렇게 마음 고생하게 하시나 원망도 했다. 그러다 이런 기도까지 하게 되었다. "하나님, 이 모임 없애 주시면 안 될까요."

나는 다양한 달란트가 없어서, 남들보다 배는 노력을 해야 하는 사람이다. 학교 사역을 하며 내가 할 수 있는 것이 너무 없다는 사실이 너무 힘들었지만, 그래도 겨우 마음을 잡고 내가 할 수 있는 것을 찾기 시작했다. 그것은 바로 심방이었다. 나는 아이들이 만나만 준다면 무조건 찾아가 심방을 하며 떡볶이, 라볶이, 자장면 등 분식이고, 중식이고 무엇이든 무조건 먹였다. 받은 사례비보다 아이들 심방비 지출이 항상 많았고, 통장 잔고는 언제나 바닥이었다. 다른 달란트가 없어 심방에 최선을 다했다.

그렇게 심방에 힘을 쓰다 보니 새 학기가 시작되었다. 새 학기가 되자 동아리 홍보를 하는 기간이 있었다. 기독교 동아리 회장이 반마다 돌아다니며 열정적으로 홍보를 하자 70여 명의 친구들이 지원을 했다. 정말 놀라운 하나님의 은혜였다. 하지만 나는 마냥 기뻐할 수는 없었다. 왜냐하면 70명 중에 50명이 교회에 다니지 않는 친구들이었기 때문이다. 순간 처음 기독교 동아리를 이끌며 땀을 뻘뻘 흘리던 모습이 스쳐 지나갔다. '주님, 어찌하오리이까! 이 아이들을 제가 감당할 수 있을까요? 도와주세요!' 기도가 절로 나왔다.

나는 어떻게 해서든 기독교 동아리 수업을 담당하기 위해 몸부림을 쳤다. 먼저 설교를 잘하고 싶어서 성경 통독을 하고, 여러 교수님의 강의를 열심히 찾아 들었다. 그리고 모든 소그룹 책자를 구매해서 학교 상황에 맞게 적용했다. 하지만 마지막 3교시에 적용할 프로그램 개발이 난관이었다.

그러던 어느 날 TV 프로그램 〈개그콘서트〉를 시청하다 아이디어를 얻었다. 관객들이 고민, 질문, 감정 표현 등을 쪽지에 적어 무대로 던지면 개그맨들이 쪽지를 보고 답변을 해 주는 프로그램이었다. 이 프로그램을 기독교 동아리에 적용시켰다. 아이들에게 쪽지에 궁금한 점, 현재의 감정, 감사한 일 등을 작성한 후 앞으로 던지라고 하자, 아이들 모두가 하나 되어 일제히 나를 향해 수십 개의 종이를 던졌다. 동아리 모임을 하며 아이들이 그렇게 즐거워하는 모습은 처음이었다. 아이들이 좋아하니까 나도 좋았다. 동아리 시간에 모든 쪽지에 답을 하지 못해 나머지 쪽지를 챙겨 수업 후 하나하나 살펴보았다. 그중 하나의 쪽지 내용을 보고 가슴이 철렁 내려앉았다. 그 쪽지에는 "저 오늘 죽어요"라고 쓰여 있었다. 자살을 암시하는 내용이었다. 너무나 위급한 상황이었지만 무기명으로 진행했었기에 도무지 누가 쓴 쪽지인지 알 방법이 없었다. 내가 할 수 있는 것은 정말 간절한 기도밖에 없었다. 나는 기도하고 또 기도했다.

> "여호와여, 내 말에 귀 기울여 주소서. 나의 한숨 소리를 들어
> 주소서"(시 5:1, 쉬운성경).

나는 그날 밤 기도하며, TV 뉴스와 인터넷 기사를 수시로 확인했다. 다행히 아무 소식이 없었다. 할렐루야! 그렇게 시간이 흘러 어느새 학교 사역 2년 차가 마무리되었다.

학교 사역을 통해 회개를 경험하게 하신 하나님

학교에서 기독교 동아리 사역을 시작한 첫해와 둘째 해는 학교에 적응하고 기독교 동아리를 어떻게 운영해야 할지 고민하고 밑그림을 그리는 과정이었다. 감사한 점은 2년이라는 시간 속에서 기독교 동아리에 참여하는 친구들과 자연스럽게 관계와 신뢰가 형성되었다는 것이다.

나는 기독교 동아리 3년 차부터 학생 리더를 세워 찬양 인도, 악기, 워십, 소그룹 리더, 안내, PPT 담당, 행정 등 학생 중심의 모임을 계획하고 있었다. 이를 위해 리더 및 적극적으로 참여하는 친구들을 훈련시켰다. 혼자 고군분투해야 할 것만 같았던 학교 사역에 든든한 학생 동역자들이 생겨 새 학기가 너무 기대됐다.

새 학기를 앞둔 2월 어느 날, 기독교 동아리 학생 A로부터 전화가 왔다. 자신을 기억하냐는 말에 나는 기억이 나지 않았지만, 밝은 목

소리로 아는 척을 했다. 무슨 일이냐 물었더니 자신이 이제 졸업을 하는데 얼굴을 보지 못하고 이별하게 되어 전화를 걸었다고 했다. 나는 순간 멍해졌다. 아이들이 졸업을 한다는 것을 그동안 생각하지 못하고 있었다. 고등학교를 졸업한 지 세월이 한참 흐르기도 했고, 정신없이 사역을 하다 보니 아이들의 졸업을 새까맣게 잊고 있었다. 아이들이 졸업하는 것도 충격이었지만 그동안 열심히 훈련시켰던 친구들이 다 졸업을 한다는 것이 충격이었다. 기대와 설렘이 가득했던 새 학기의 시작은 한순간에 사라졌다. 모든 것이 다시 처음이 되어 버렸다. 열심히 세웠던 친구들이 다 졸업을 앞두고 있었다. 당시의 감정은 어떤 말로도 표현 못할 감정이었다.

계속 통화를 이어 가던 중 A는 과거 쪽지에 오늘 죽을 거라고 적었던 적이 있었음을 밝혔다. 너무 힘들어 자살하려고 했지만, 그날따라 예배 후에 설교와 찬양 그리고 기도가 귓가에 자꾸 맴돌았다고 했다. 점차 마음속에 있던 분노와 슬픔이 사라지며 괜찮아지기 시작해 자살하지 않았다고 말했다. 정말 하나님의 은혜였다. 인간의 힘으로 할 수 없는 하나님의 은혜였다.

나는 A와의 통화를 종료한 후 하나님께 감사의 고백과 동시에 회개기도를 했다. 내가 얼굴도 이름도 잘 기억하지 못했던 A에게 하나님의 은혜가 있었다. 정말 학교 내 기독교 동아리에서 하나님의 역사하심이 일어나고 있던 것이다. 이내 나는 내 마음 깊은 곳에서 교회를 다니지 않는 청소년들과 예배하는 것이 너무 힘들어 은근히 모임이 사라지길 바랐던 마음을 발견했다. 당시 부흥하던 교회 청소년

부서에 집중하고 싶었다. 굳이 학교라는 현장에서 반응도 없고, 대하기 어려운 청소년들을 대상으로 사역하며 고생할 이유가 없다고 생각했던 마음을 발견했다. 아버지처럼 개척교회 목사로 살아가지 않겠다고 다짐하며 청소년부 부흥을 통해 대형교회에 가서 사역하는 것을 목표로 하는 내 마음속 깊은 욕망을 발견하게 된 것이다.

나는 이 사건을 통해 하나님 앞에 간절히 회개했다. 그때 나의 가치관에 변화가 찾아왔다. 나는 오직 대형교회 목회자가 되는 목표 외에는 다른 것을 생각해 본 적이 없다. 그런데 처음으로 '한 영혼'에 대한 가치를 깨닫게 되었다.

> "너희는 어떻게 생각하느냐? 만일 어떤 사람에게 백 마리의 양이 있는데 그 중에서 한 마리가 길을 잃었다면, 산에 아흔아홉 마리의 양을 남겨 두고 길 잃은 그 양을 찾으러 가지 않겠느냐?"(마 18:12, 쉬운성경).

나는 숫자에 민감한 사역자였고, 크고 화려한 사역을 좇는 사역자였다. 이것이 나쁘다는 말이 아니다. 내가 영혼을 바라보는 관점이 잘못되었다는 것을 말하고 싶다. 하나님은 부흥하는 것만 추구했던 내 모습을 돌아보게 하셨다. 한 영혼을 구원하시고 회복시키시는 하나님의 섭리를 통해 내가 왜 학교에서 반응도 없고 열매도 없는 것 같은 청소년들과 예배해야 하는지 깨닫게 하셨다. 예배를 통해 예수 그리스도가 청소년들의 삶에 선포될 때 그 구원의 이름, 예수의 이름이 천하보다 귀한 한 영혼을 살릴 수 있기 때문이다. 나는 그때부터 마음을 고쳐먹고 마음과 힘을 다해 학교 사역에 임하기 시작했다.

다른 학교에서도 예배가 가능하다

절절한 회개 후, 나는 학교 사역에 대한 마음가짐을 새롭게 하고 새 학기를 준비했다. 그러던 중 어느 날 기독교 동아리를 담당하시는 음악 교사 집사님이 전근을 가신다는 소식을 들었다. 공립학교 교사는 4-5년에 한 번씩 근무지를 이동한다. 나는 역시나 이번에도 머릿속이 멍해졌다. 학교 사역을 진심으로 하고자 결단도 했는데, 뭐 하나 좋은 상황이 만들어지지 않았다. 그럼에도 다행인 것은 학교 내 신우회에 참석하시는 다른 선생님이 기독교 동아리를 담당해주기로 하신 것이다. 학생도, 교사도 모두 떠난다는 것. 그리고 신우회 선생님들의 역할이 정말 중요하다는 것. 학교 사역을 하기 위해서는 알아야 할 것 투성이었다.

나는 기독교 동아리가 없어지는 줄 알고 찰나에 너무 안타깝고

슬펐지만 다시 힘이 솟았다. 우여곡절 끝에 새 학기가 시작되었다.

시간이 흘러 몇 개월이 지나고 음악 교사 집사님이 새로운 학교에서도 신우회와 기독교 동아리를 만들었다고 전화를 주셨다. 그 학교에서도 기독교 동아리 예배를 이끌어 달라는 부탁도 덧붙이셨다. 나는 당연히 수락했다. 나는 그동안 음악 교사 집사님의 열정과 A학교의 특별함으로 기독교 동아리를 만들고 운영할 수 있다고 생각했다. 그러나 집사님의 전근을 통해 다른 학교에서도 기독교 동아리가 가능하다는 사실을 깨달았다. 나는 속으로 '유레카!'를 외쳤다.

이때부터 기독교인 교사의 중요성을 깨닫고 어떻게 하면 기독교인 교사들과 만날 수 있을까 찾아다니기 시작했다. 학교 사역을 시작한 지 얼마 되지 않았고 알고 있는 교사라고는 음악 교사 집사님밖에 없었기에 나는 집사님께 매달렸다. 근무하며 알게 된 기독교인 교사들, 지역별 신우회 등 어디든 연결해 달라고 도움을 요청했다.

그렇게 집사님의 도움으로 B지역에 근무하시는 C선생님을 알게 되었다. 그 선생님을 통해 지역 신우회 모임이 있다는 사실을 알고 괜찮으시다면 초대해 달라고 부탁을 드렸다. 처음 교사 신우회 자리에 갔을 때, 많은 선생님이 학교와 학생을 위해 기도하고 있다는 사실에 많은 감동과 도전을 받았다. 선생님의 도움으로 교사 신우회 자리에서 A학교 기독교 동아리 이야기를 간증했고 그 시간을 통해 또 다른 선생님과 연결이 되었다.

며칠 후, 신우회 모임 때 만났던 여러 선생님이 연락을 주셨다. 곳곳의 학교에서 기독교 동아리를 만들었다는 아주 기쁜 소식이었다. 음악 교사 집사님의 전근으로 인해 나는 학교 사역의 위기가 찾아왔다고 생각했지만 오히려 하나님은 학교 사역이 다른 학교에서도 가능하다는 사실을 깨닫게 해 주셨다. 또한 기독교인 교사들과의 네트워크의 중요성을 깨닫게 되었다. 학교 사역은 특별한 교사, 특별한 학교에서만 진행되는 제한적인 사역이 아닌 어느 곳에서도 할 수 있는 사역이라는 사실에 나의 가슴은 더욱 뛰기 시작했다.

21살, 고등학교 2학년

D고등학교에는 '인간 섬'이라는 별명을 지닌 고등학교 2학년 남학생 F가 있었다. 그 친구의 나이는 21살이었다. 그동안 만났던 학생 중 고등학교 2학년 생활을 제일 오래 하고 있는 친구였다. 나는 기독교 동아리 담당 선생님을 통해 F의 이야기를 듣게 되었다. 부모님이 이혼을 하셔서 아버지와 함께 살고 있지만 거의 혼자서 생활을 하고 있다고 했다. 그리고 학교에서 말도 없고 친구도 없어서 외딴 섬처럼 지내고 있어서 '인간 섬'이라는 별명이 생겼다고 했다. 또한 F가 고등학교 2학년 생활을 오래 하고 있는 이유가 무단결석으로 인해 수업 일수를 채우지 못하기 때문이라고 했다. 마음이 참 아팠다.

F는 기독교 동아리 시간 내내 아무런 반응도 없었다. 가끔 "학교에서 왜 예배해요. 하기 싫어요. 하지 말아요"라는 말은 했다. 그런 F를 보며 난 속으로 '기독교 동아리에 자기가 신청해서 왔으면서 뭐지?' 생각은 했지만 웃으며 간식을 열심히 줬다.

어느 날부터 F가 보이지 않았다. 다시 무단결석을 하기 시작한 것이다. 학교 사역을 하다 보면 가출, 중독, 폭행, 우울, 자살 시도, 자해 시도 등 여러 상황에 놓인 친구들을 자주 마주하게 된다. 예수님처럼 아이들을 다 회복시켜 주고 싶지만 그런 능력이 나에게 없어서 안타까울 때가 많다. F가 반복해서 무단결석을 했을 때도 같은 심정이었다.

몇 주가 흘러 F가 다시 학교에 왔다는 소식이 들렸다. 기독교 동아리 담당 선생님을 통해 그동안 F에게 일어난 일을 듣게 되었다. 그동안 F가 가출하여 가출팸에 들어갔다고 했다. 가출팸에 속아 자신의 명의로 사채를 쓰게 되었고, 돈을 갚지 못해 원양 어선을 타게 되었다고 했다. 정말 어디 드라마나 영화에나 나올 것 같은 이야기가 현실에 존재했다. F는 원양 어선에서 너무 힘들어 겨우 탈출을 했고, 기독교 동아리 담당 선생님이 떠올라 전화를 했다고 했다. 그리고 겨우 다시 학교에 나오게 되었다는 것이다.

아이들이 다 밝고 잘 지내는 것 같지만 아닌 경우가 의외로 많다. 아이들과 관계가 형성되면서 더 많은 아이의 이야기를 듣게 되었다. 이야기를 들어보면 영화보다 더 영화 같은 상황이 학교 현장에서 펼쳐지고 있음을 알게 된다. 그때마다 기도하며 고백하게 되는 것은 이들에게 예수님이 너무 절실하게 필요하다는 사실이다. 예수님이 없으면 해결할 수 없는 문제들, 다시 회복하고 일어설 수 없는 인생의 상황이 넘쳐나는 곳, 이 작은 사회인 학교 안에서 청소년들이 마주한 현실이다.

F가 학교에 다시 나올 수는 있었지만, 상황은 하나도 변하지 않았

다. 그런데 달라진 것이 딱 하나가 있었다. 바로 F의 예배 자세가 달라졌다. 말씀을 듣기 시작하고 집중하기 시작했다. 점차 하나님을 의지하기 시작했고, 결국 F는 학교를 무사히 졸업했다. 정말 놀라운 하나님의 은혜였다.

> "너희는 가서 내가 긍휼을 원하고 제사를 원하지 아니하노라
> 하신 뜻이 무엇인지 배우라 나는 의인을 부르러 온 것이 아니요
> 죄인을 부르러 왔노라 하시니라"(마 9:13).

나는 F의 사건을 통해 겉모습만 보고 아이들을 판단하고 있는 내 부끄러운 모습을 보게 되었다. 나는 'F가 과연 변화가 될까? 하나님의 은혜를 경험하게 될까?' 하고 의심을 품었다. 정말이지 불가능할 것만 같았다. 아무리 봐도 F에게 가망성이 없어 보였다. 그러나 이 것은 내 교만이었고 불신앙이었다. 하나님은 F가 하나님을 찾기도 전에 기독교 동아리 시간을 통해, 담당 교사, 사역자, 친구들을 통해 먼저 찾아와 주셨다. 하나님은 F의 어떠한 조건을 보고 은혜를 베푸신 것이 아니라 하나님의 사랑으로 은혜를 주셨다. '인간 섬'이라 불리던 21살 고등학교 2학년 F. 그 아이의 졸업까지의 순간을 지켜보며 나는 하나님의 놀라운 사랑과 은혜가 반드시 한 영혼을 회복시키고 살린다는 것을 확실하게 경험했다.

상황의 어려움을 극복하게 하시는 하나님

학교 사역의 위기

음악 교사 집사님의 전근과 새로운 교사들과의 만남 이후 세 곳의 학교에 예배가 세워졌다. 부천, 시흥 등 당시 사역하던 교회와 그리 멀지 않은 지역이었다. 또한 당시 파트타임 사역을 하고 있었기 때문에 주중에 학교에서 기독교 동아리 활동을 함에 있어 어려움이 없었다. 그러나 내가 교회 사역지를 이동하는 순간부터 상황이 달라졌다. 사역지를 부천에서 분당으로 이동하게 되자 학교와 나 사이에 물리적인 거리가 크게 생겼다. 또한 전임으로 사역하다 보니 주중에 시간을 내기 어려워졌다.

학교 사역이 있는 날에는 최대한 교회 사역을 빨리 마무리하고 학교로 이동했다. 하지만 교회 사역 특성상 갑작스럽게 일을 처리해야 할 상황이 많다 보니 학교에 갈 수 없는 상황이 종종 발생하였다. 학교 생태계를 잘 모르는 경우에는 '학교 동아리 그거 한두 번 못 갈 수도 있지'라고 생각할 수도 있다. 하지만 창체 동아리는 학사 일정으로 진행되는 수업이기에 반드시 지켜야만 하는 의무가 있는 하나의 '수업'이다.

이 중요성을 알고 있었던 나는 교회 교육부 총괄 목사님께 상황을 설명하고 학교에 갈 수 있도록 정중히 요청을 드렸다. 하지만 현실은 현실이었다. 총괄 목사님께서는 학교 사역에 대한 애정과 한 영혼을 향한 마음이 뜨거운 것을 잘 알겠으나, 학교 전임 사역자가 아닌 교회 전임 사역자로 부임하였음을 명심하라고 말씀하셨다. 한두 차례는 괜찮지만 지속적으로 학교 사역에 시간을 내도록 허락하기는 어려울 것 같다고 하셨다. 너무 지당하고 당연한 말이었다. 내가 전임으로 부임받아 옮긴 교회 사역지였다. 하지만 그 당시에 왜 그렇게 마음이 아쉬웠는지 속이 상했다. 나는 어떻게 하면 학교 사역을 계속 이어 갈 수 있을지 기도하며 지혜를 구하기 시작했다. 사실 방법은 간단했다. 내가 아닌 다른 담당해 줄 사람을 찾아 세우면 되는 것이었다.

> "이에 열둘을 세우셨으니 이는 자기와 함께 있게 하시고 또 보내사 전도도 하며 귀신을 내쫓는 권능도 가지게 하려 하심이러라"(막 3:14-15).

하나님은 상황을 통해서 학교 사역이 나만 가능한 것이 아니라는 사실을 깨닫게 하셨다. 나는 학교 사역을 담당할 수 있는 사람을 찾기 시작했다. 같은 지역에 있는 A목사님께 전화를 했다. 사정을 설명하며 부탁을 드렸지만, 목사님께서는 상황이 여의치 않아 B목사님을 소개해 주셨다. 얼마 후 B목사님을 만나 기독교 동아리 사역을 설명하며 그동안의 일화들을 이야기했다. 학교 안에서 기독교 동아리로 사역할 수 있다는 사실을 처음 알게 된 B목사님은 꼭 하고 싶다며 내가 담당하던 세 곳의 학교 중 두 곳을 맡아 주셨다. 이것이 첫 '학원복음화 인큐베이팅'이었다. 나머지 한 곳은 하나님의 은혜로 전임 사역을 하면서도 맡을 수 있는 상황이 되어 이어 갈 수 있었다.

재정의 어려움을 극복하게 하시는 하나님

부흥, 곧 재정적 어려움

하나님의 은혜로 날이 갈수록 학교 사역은 확장되었고 인원도 점차 늘어났다. 그러나 학교에 기독교 동아리 사역을 하러 갈 때마다 부담이 되는 부분이 있었다. 바로 학교로 이동할 때 지출되는 주유비, 간식비, 물품구입비 등과 같은 재정이었다. 왜냐하면 학교 사역을 교회의 지원과 후원이 아닌 자비량으로 감당하고 있었기 때문이다. 그래도 가정을 꾸리기 전까지는 재정적인 압박이 덜했다. 그러나 결혼을 하고 자녀가 생긴 뒤로부터는 항상 적자였다. 그러다 보니 최대한 싸고 양이 많은 간식 위주로 구매하게 되고 그것마저도 형편이 어려울 때는 구매하지 못하는 경우도 있었다. 혹자는 기독교 동아리를 자비량으로 섬기는데 굳이 간식까지 준비하느냐고 말한다. 그러나 교회에 다니지 않는 청소년들에게 간식은 성경책 다음으로 꼭 필요한 요소다. 기독교 동아리에 참여하는 친구들 중 의외로 많은 청소년이 간식 때문에 참석하다가 은혜를 받고 예수님을 믿게 된다. 우스갯소리로 간식으로 치킨을 준비한 날은 다 영접 기도를 한다는 말이 있다.

기독교 동아리에 소수의 학생이 참여할 때는 간식 비용에 대한 부담이 적지만 50명, 100명대로 넘어가면 많은 재정이 소요되기 때문에 정말 부담이 될 때가 있다. 학교에 기독교 동아리를 개설하고 교회에 안 다니는 친구들과 예배하는 것이 어려운 것이 아니라 이 사역을 지속할 수 있는 재정적인 한계로 인해 현실 속에서 날마다 내적 갈등을 하게 된다. 그럼에도 불구하고 아무도 알아주지 않고 자비량으로 감당해야 하는 기독교 동아리 사역을 이어 가는 이유는 단 하나다. 교회에 다니지 않는 청소년들에게 복음을 전할 수 있는 기회이기 때문이다.

"내가 달려갈 길과 주 예수께 받은 사명 곧 하나님의 은혜의 복음을 증언하는 일을 마치려 함에는 나의 생명조차 조금도 귀한 것으로 여기지 아니하노라"(행 20:24).

내가 재정적으로 한계에 직면했을 때 하나님은 신기한 방법으로 채워 주셨다. G학교에서의 일화다. 새 학기에 분명 10명도 안 되는 친구들과 기독교 동아리를 시작했는데, 4-5개월이 지나자 150여 명이 참여하는 동아리로 성장했다. 대형 마트에서 개당 800원짜리 간식 150개를 구매하면 120,000원이다. 매주 이것을 지출해야 하는 상황이었다. 나는 도저히 감당할 수가 없어 다음 주부터는 간식이 없다고 광고를 하려고 준비하고 있었다. 그러던 차에 교장 선생님이 학교 끝나고 잠시 만났으면 좋겠다는 연락을 주셔서 차마 그 광고를 하지 못하고 모임을 마무리했다. 이후 다소 긴장을 하고 교장 선생님을 찾아갔는데, 교장 선생님은 자신의 퇴직금 중 일부라며 500만 원을 건네주셨다. 그렇게 큰돈을 받을 수는 없어 손사래를 치자 교장 선생님은 아이들이 예배하는 모습을 보며 왜 젊은 시절 기독교 동아리를 만들지 않았을까 후회가 된다며, 꼭 아이들을 위해 사용해 달라고 말씀하셨다. 500만 원. 이 금액은 1년 동안 충분히 사역을 감당할 수 있는 금액이었다.

그리고 한 번은 이런 적도 있었다. H학교 신우회 선생님에게서 연락이 왔다. 신우회 선생님들이 뜻을 모아 매달 선교 헌금을 보내 주시겠다고 하셨다. 사실 그동안 후원이라는 건 큰 교회, 기업 CEO, 성도님들을 통해서만 후원의 손길이 이루어지는 것이라고 생각했다. 그런데 학교 사역 초기, 학교에 계신 교감, 교장 선생님, 신우회 선생님들을 통해 필요한 재정을 공급하시는 손길을 보며 하나님의 역사는 언제나 예상치 못한 방법으로 이루어진다는 사실을 경험하게 되었다.

이러한 은혜의 사건들을 통해 나는 하나님의 살아 계심을 고백하고 경험하게 되었다. 나에게 이 고백은 정말 큰 사건이었다. 목회자 자녀로 성장하며 겪었던 상처로 인해 하나님에 대한 불신과 불신앙이 내 안에 가득했다. 그런데 하나님은 학교 사역을 통해 목회자 자녀로 자라며 겪었던 상처를 모두 회복시키시고 나를 치유를 전하는 통로로 사용하셨다. 이렇게 하나님은 학교 사역을 이어 오고 계시다. 무슨 말로 표현할 수 있겠는가. 하나님은 살아 계신다. 모든 것이 하나님의 은혜다.

학교 사역을 시작하고 나서 단 한 번도 재정적으로 여유가 있었던 적이 없다. 항상 불안하고 마이너스만 더해지는 상황이었다. 그런데 학교에 갈 때는 그 어느 때보다 설레고 기쁨이 있다. 하나님을 믿지 않는 청소년들과 만나고 그들과 함께 예배하며 예수님의 이름

을 전하는 이 기쁨과 행복은 이 세상 그 무엇과도 비교할 수 없다. 복음으로 인한 행복이 나의 재정적인 어려움을 항상 압도한다. 그래서 계속 학교 현장에 가게 된다. 항상 한계를 맞닥뜨리며 학교 사역을 이어 온 것이 어느새 14년이 되었다.

졸업과 입학, 반복되는 새로움을 극복하게 하신 하나님

청소년들은 졸업을 한다

나는 학교 사역을 시작하고 2년 동안 학교 문화, 교사들과의 관계, 학교 행정, 학사 일정 등 교회에 최적화된 생체 리듬을 학교에 최적화 시키기 위해 부단히 노력했다. 왜냐하면 고등학교를 졸업한 지 7년 만에 고등학교 현장에 갔기 때문에 내가 경험했던 학교와는 너무 다르고 많은 것이 변했기 때문이다.

실례로 내가 고등학교를 다닐 때만 해도 선생님들께 대들거나 말대꾸를 하는 것은 상상할 수 없는 일이었다. 그런데 7년 만에 돌아간 고등학교에서는 과거의 모습을 찾아 볼 수 없었다. 학생들은 선생님께 자신들의 의견을 자유롭게 말하고 자신과 의견이 다를 경우 그건 아니라고 말하는 모습에 놀랐다. 상호존중을 넘어 학생들의 권리가 상상할 수 없을 정도로 강화된 모습이었다. 또한 내가 고등학교를 다닐 때는 체벌이 있었다. 선생님들의 권위와 위엄은 엄청났다. 그러나 7년 뒤에 경험한 고등학교는 체벌이라는 것이 존재하지 않았다. 정말 놀라운 현장이었다. 과거의 학교를 경험한 나에게 현재 학교의 모습은 정말 상상할 수 없었던 모습의 학교였다.

하지만 나는 교회에 최적화된 상태였다. 당시 내가 사역하고 있던 교회는 고신 교단 교회였다. 교단들 중에서 목회자의 권위와 자존심이 가장 강한 교단 중 한 곳이었다. 나는 권위적인 문화에 적응하고 있었기에 학교에 있는 학생들을 볼 때 상당히 거슬리는 부분들이 많았다. 나는 그때마다 욱하는 마음을 억누르고 학생들의 입장에서 이해하려고 몸부림쳤다. 나는 나 자신에게 계속 메시지를 던졌다 '새롬아, 이곳은 교회가 아니다. 이 아이들은 교회도 안 다닌다. 절대 욱해서는 안 돼. 정신 차려!' 내가 특별히 신경썼던 부분이 있었다. 바로 욱하는 것이었다. 왜냐하면 사람과의 관계에서 '화'는 상대방과 단절되는 지름길이기 때문이다.

나는 교회에 가 본 적이 없고 경험해 본 적이 없는 친구들에게 기독교 동아리를 통해 교회의 따뜻함을 경험하게 해 주고 싶었다. 그래서 최대한 긍정적으로 말하고, 아이들을 웃으며 환영하고 그들을 축복했다. 나중에 설문 조사를 했는데 아이들의 설문 내용을 보고 이러한 노력이 헛되지 않았다는 걸 보며 큰 위로와 감사를 얻었다.

> "선생님, 저희가 졸업해도 이 모임이 계속 유지 됐으면 좋겠어요. 이 모임을 통해 하나님의 사랑과 회복을 경험했어요. 후배들에게도 꼭 필요한 모임이에요."

나는 학교 현장에 적응해 가며, 아이들에게 예수 그리스도의 따뜻한 감정을 느낄 수 있도록 최선을 다하지만, 개인적으로 가장 어렵게 다가오는 일이 하나 있다. 바로 1년마다 새로운 학생들과 만나고 그들과 다시 관계를 형성하는 것이다. 나의 MBTI는 INTP다. 나는 혼자 혹은 가족들과 집에 있는 것을 좋아한다. 밖에서 활동하는 것을 즐기지 않는다. 사역할 때만 사람이 달라진다. 또한 사람들과 관계를 형성할 때 신중하며 친밀해지기까지 시간이 많이 필요한 사람이다. 이런 특성을 가지고 있는 나에게 1년마다 아이들이 졸업하고 새로운 아이들을 맞이하여 관계를 형성하는 일은 정말 쉽지 않다. 그러나 어떻게 하겠는가? 한 영혼에게 예수 그리스도의 복음을 전하려면 내가 먼저 아이들에게 다가가 말을 걸고 친해지기 위해 몸부림쳐야 한다. 방법이 없다. 다가가서 말을 걸고 같이 간식을 먹으며 관계를 형성해야 한다. 그래야 아이들의 마음 문이 열리고 복음을 들어주기 때문이다.

> "율법 없는 자에게는 내가 하나님께는 율법 없는 자가 아니요
> 도리어 그리스도의 율법 아래에 있는 자이나 율법 없는 자와
> 같이 된 것은 율법 없는 자들을 얻고자 함이라"(고전 9:21).

나는 어쩌면 청소년 사역자로서 정말 치명적인 아킬레스건을 가지고 있는 사역자다. 사람들과 관계를 형성하는 것을 부담스러워하기 때문이다. 그럼에도 불구하고 학교 현장에 14년째 가고 있는 이

유는 학교에 찾아가 복음을 전할 때, 지옥에 갈 수밖에 없는 청소년들이 천국의 영원한 소망을 갖게 되기 때문이다.

결과

길을 만드시는 주(Way Maker)

나는 청소년부 전임 사역자가 되고 나서 학교 사역을 축소해야만 하는 역설적인 상황에 처하게 됐다. 나는 다시 교육부 총괄 목사님을 찾아가 학교 사역의 필요성을 어필하며 우리 교회도 학교 사역을 하면 좋을 것 같다고 말씀드렸다. 하지만 다시 교회 방향성과 맞지 않기 때문에 어렵다는 답변이 돌아왔다. 개인적으로는 너무나 아쉬웠지만 교육부의 방향성이 우선이기 때문에 학교 사역을 최대한 축소했다. 그러나 나의 가슴속엔 여전히 학교 사역에 대한 간절함이 타오르고 있었다. 나는 새 학기를 앞두고 중등부 예배를 통해 학교에 예배를 세우자고 학생과 선생님들 모두에게 말했다. 아쉽지만 아무도 반응하지 않았다. 그렇게 1년이 지나고 돌아온 새 학기에 나는 학교에 예배를 세우자고 다시 의견을 제시했다. 그러자 예배 후 부서 선생님이 할 말이 있으시다며 나를 찾아왔다.

> "목사님, 작년 목사님 설교를 통해 학교 사역에 대한 마음을 받았습니다. 그런데 용기가 나지 않아 시작을 못 했습니다. 시간이 지나면 잊히겠지 했는데 마음의 부담은 계속 커져 중등

부서를 떠날 생각까지 했었습니다. 그런데 오늘 설교를 듣고 교장 선생님께 말씀드리기로 결단했습니다. 기도 부탁드립니다."

나는 부서 선생님의 고백을 듣고 순간 온몸에 소름이 돋았다. 하나님이 학교에 있는 청소년들에게 생명의 복음을 전하시기 위해 여전히 일하고 계셨다는 사실을 또다시 알게 되었다.

새 학기가 시작하고 얼마 후 선생님이 전화를 주셨다. 선생님이 근무하는 학교의 교장 선생님이 학교 예배를 승인했다는 소식이었다. 선생님은 기도로 함께 준비하자고 부탁하셨다. 알겠다고 대답을 했으나 또 다른 고민을 시작했다. 어떻게 하면 교회 교육부 방향성에서 벗어나지 않고 학교 사역을 할 수 있을지가 문제였다. 그리고 마침내 방법을 찾았다!

"내가 또 너희에게 이르노니 구하라 그러면 너희에게 주실 것이요 찾으라 그러면 찾아낼 것이요 문을 두드리라 그러면 너희에게 열릴 것이니"(눅 11:9).

그것은 바로 사역자들이 쉬는 월요일에 학교 모임을 진행하는 것이었다. 대부분의 사역자에게 월요일은 일주일 중에 쉴 수 있는 유일한 날이다. 아무것도 안 하고 집에서 쉬고 싶기도 하고, 가족과 함께 놀러 가고도 싶고, 내가 해야 할 일을 하는 날이기도 했다. 하지만 학교 사역을 자유롭게 할 수 있는 유일한 날이 월요일이었다. 아내에게 양해를 구했다. "여보, 학교 사역이 1시에 마무리되니까 그 이후에는 무조건 가족들과 시간 보내도록 할 테니 부디 허락해 주세요." 진심과 애교를 가득 담아 부탁했다. 감사하게도 아내는 기쁜 마음으로 허락을 해 주었고, 월요일에 학교 사역을 할 수 있게 되었다. 학교 안에 있는 청소년 90%가 교회에 다니지 않는다. 그들에게 유일하게 복음을 전할 수 있는 기회가 있는데 놓칠 수 없었다. 나는 예수 그리스도의 복음이 한 영혼을 반드시 살린다고 믿는다. 하나님은 길을 만드신다.

드디어 새 학기 첫 모임을 시작하는 날이 되었다. 첫 모임에는 선생님, 나, 그리고 2명의 학생이 참여했다. 작은 시작이었다. 하지만 얼마나 감격스러운 순간이었는지 모른다. 하나님은 이 순간 또다시 길을 만들어 주셨다.

8주 만에 3명이 120명으로

나는 여러 우여곡절 끝에 C중학교 월요 예배모임을 진행하게 되었다. 학교에 예배가 개설되고 진행되는 과정이 순조로운 곳도 있지만 어려운 곳도 존재한다. 그런데 이 모든 과정이 힘들다고 느껴지지 않는 이유는 늘 그렇듯 교회에 다니지 않는 청소년들에게 복음을 전하는 기쁨이 그 모든 것을 압도하기 때문이다. 나는 C중학교 월요 예배모임을 준비하며 매번 아침 일찍 핫도그 가게 사장님께 연락을 드렸다.

"사장님, 이번주는 핫도그 ○○개요. 12시까지 갈게요."

예배에 참석하는 친구들에게 방금 만든 맛있는 수제 핫도그를 주기 위해 시간에 맞춰 핫도그를 주문한다. 예배모임을 마치고 핫도그를 먹으며 해맑게 웃는 아이들의 모습을 보면 그저 너무 좋다. "선생님, 핫도그 하나만 더 주세요. 너무 맛있어요"라고 해맑게 웃는 친구들을 보면 역시 청소년 사역은 잘 먹여야 함을 느낀다. 나는 이렇게 매주 C중학교 아이들과 신나게 찬양하며 예배했다. 즐겁게 찬양하고 예수 그리스도의 십자가 복음만 전했다. 청소년들은 언제나 졸업이 기다리고 있다. 졸업을 한 후에도 아이들이 교회에 나가 하나님을 예배할지 그 누구도 장담할 수 없다. 그렇기 때문에 복음을 전하는 데 집중할 수밖에 없다. 언제나 예배의 마지막은 학교와 학생, 교사, 부모님과 가정, 비전을 위해 기도하며 마무리한다.

나는 특별한 재능이 없기 때문에 짧은 시간이지만 예배에 최선을 다했다. 늘 하던 것처럼 예배를 드렸다. 그런데 신기한 일이 일어나기 시작했다. 매주 월요 예배모임에 친구를 따라 새로운 친구들이 오는 것이었다. 점차 인원이 많아지자 예배모임 장소였던 과학실에서는 학생들을 수용할 수가 없어 시청각실로 이동을 하게 되었다. 그리고 얼마 지나지 않아 시청각실에서도 자리가 모자라 늦게 온 친구들은 일어서서 예배를 드리게 되었다. 부흥이 일어난 것이다. 그렇게 어느 순간 120여 명이 넘는 청소년이 예배에 참여하게 되었다. 최대로 많이 참여할 때는 160여 명이 예배에 참석했다. 당시 한 반이 20-22명 정도에, 한 학년 학급이 8개 정도였으니 한 학년 전체가 참여하는 규모였다. 내 기억으로는 이렇게 많은 청소년이 예배모임에 참석한 것은 9년 만에 처음 일어난 일이다. 하나님의 전적인 은혜라는 말 외에는 어떻게 표현할 방법이 없다.

나는 C중학교 월요 예배모임을 통해서 학교 사역에서도 부흥이 가능하다는 사실을 처음으로 깨닫게 되었다. 인원이 늘어나 혼자서는 감당할 수 없게 되자 사역하는 교회 중등부 부장 선생님께 상황을 말씀드리고 도움을 요청했다. 부장 선생님은 상당히 놀라셨다. 간식, 스태프, 찬양팀 등의 도움이 필요한 상황을 말씀드리자 부장님은 어떻게든 방법을 찾아봐 주신다고 하셨다. 청소년을 향한 뜨거운 열정이 있으신 부장 선생님은 부서뿐만 아니라 교회 권사님들께도 학교 사역에 대한 정보를 공유하셨다. 그리고 얼마 후 중등부, 권사회 등을 통해 간식, 중보기도 등 다양한 도움의 손길을 이끌어 주

셨다. C중학교 월요 예배모임의 부흥을 통해 교회 공동체와 함께 학교 사역을 하는 것이 얼마나 유익하고 건강하며 지속 가능한 모델인지를 깨달았다. 매주 임하시는 성령 하나님의 놀라운 섭리를 통해 사역자, 학교 교사, 교회에 다니지 않는 청소년, 교회 공동체의 아름다운 조화가 예배모임으로 세워져 갔다.

믿지 않는 청소년들이 만든 기독교 동아리

나는 중등부 주일예배 시간에 C중학교 월요 예배모임을 통해 역사하신 하나님을 간증했다. 그리고 중등부 친구들에게도 학교에 예배모임을 세우는 것을 도전해 보자고 독려했다. 예배가 없는 학교에 예배를 세워 교회 다니지 않는 친구들에게 복음을 전하자고, 이 땅의 소망이 교회라는 사실을 기억하고 학교에 발을 내디딜 때 교회 다니지 않는 친구들은 지옥이 아닌 천국을 가게 될 것이라고 힘주어 말했다. 그리고 그날 저녁 한 통의 전화가 걸려 왔다.

"목사님, 저 ○○이에요. 오늘 설교를 통해 하나님께서 마음에 감동을 주셨어요. 제가 학교에 기독교 동아리 만들어 보려고요. 그러니 목사님께서 도와주세요."

최선을 다해 돕기로 약속한 나는 ○○이와 카페에서 만나기로 했다. D중학교에 다니는 ○○이는 함께 동아리를 만들 친구들과 함께 카페에 왔다. 열심히 음료와 케이크를 골라도 되냐고 묻는 귀여운 눈동자들. 역시 청소년들은 먹고 시작한다. 나는 아이들에게 동아리 신청서 작성법을 알려 주었고, 동아리 신청 기간 안에 반드시 제출해야 한다는 점을 강조했다. 왜냐하면 아이들이 놀다가 동아리 신청 기간 안에 제출하지 못하고 기간을 넘기는 경우가 자주 발생했기 때문이다. 그래서 3월 동아리 신청 기간에는 거의 매일 아이들에게 연락해서 체크를 해 주어야 한다. 며칠 뒤 ○○이에게 동아리가 개설됐다는 전화가 왔다. 이후 무엇을 해야 할지 모르는 아이들에게 포스터를 만들어 선생님께 허락을 받고 전 학년 각 반에 부착하고 게시판에도 부착해야 함을 일러 주었다. 드디어 D중학교에서도 학교 예배모임이 개설되었다. 첫 모임에 30여 명이 넘는 친구들이 참석했다.

나는 ○○이에게 주일예배 시간에 학교에 예배를 개설하며 겪었던 과정을 간증해 주길 부탁했다. 쑥스러워했지만 ○○이는 용기를 내서 해 보겠다고 했다.

"여러분 저는 D중학교에 다니는 ○○입니다. 목사님의 설교를 듣고 우리 학교에 예배모임을 만들어야겠다는 생각을 하게 되었습니다. 동아리를 개설하기 위해 최소 인원이 필요했고 학교 내 교회에 다니는 친구들에게 기독교 동아리를 개설해 보자고 말했습니다. 그러나 많은 친구가 부담스러웠는지 거절을 했습니다. 순간 마음이 어려워지고 어떻게 해야 하나 걱정이 되었지만 그 모습을 본 교회에 다니지 않는 제 친구들이 동아리 신청서에 이름을 써 줘서 동아리를 개설할 수 있게 되었습니다. 저는 포스터를 만들어 1학년부터 3학년 모든 반에 부착하여 기독교 동아리를 홍보했습니다. 그러자 교회에 다니지 않는 친구들 30명이 예배모임에 나왔습니다. 정말 신기한 일이었습니다. 그러니 여러분도 학교에 기독교 동아리를 만들어 예배했으면 좋겠습니다.”

○○이의 간증이 끝나자 중등부 학생과 교사들은 엄청난 함성과 박수로 ○○이를 응원했다. 정말 너무 감격스러운 순간이었다. 나는 그동안 교사들을 통해서만 학교에 동아리가 개설될 수 있는 것으로 알고 있었다. 그러나 ○○이를 통해 학생을 통해서도 동아리가 만들어질 수 있음을, 예배가 세워질 수 있음을 깨달았다.

중등부에 학원복음화 운동이 일어나다

○○이의 간증 이후 중등부에 놀라운 일이 일어났다. 중등부 친구들이 도전을 받아 자신의 학교에 가서 친구들을 모아 기독교 동아리를 개설한 것이다. 2주 동안 자그마치 13곳의 학교에 기독교 동아리가 세워졌다. 개인적으로 엄청난 충격이었다. 2009년부터 학교 사역을 시작해 다른 학교에 예배모임을 개척하기 위해 기독교인 교사들을 찾아가고 설득하는 과정을 통해 개척한 학교가 당시 8년 동안 4곳이었기 때문이다. 그런데 학생들을 통해 2주 만에 13곳의 학교에 예배가 개척되는 것을 보며 충격을 넘어 경악할 정도의 강한

자극을 느꼈다. 그리고 이후 하나님께서는 학교 사역의 지경을 교사, 행정실 직원, 보건 교사, 위(Wee) 클래스 교사 그리고 또 다른 학생들을 통해 계속해서 확장시켜 가시는 것을 보게 하셨다.

> "홀연히 하늘로부터 급하고 강한 바람 같은 소리가 있어 그들
> 이 앉은 온 집에 가득하며"(행 2:2).

나는 우리 중등부 친구들의 심령 가운데 성령님이 감동하시고 역사하셔서 13곳이 넘는 학교에 예배가 세워졌다는 사실을 고백하게 되었다. 이 사건은 성령님의 감동이 없이는 절대로 일어날 수 없는 사건이다. 이렇게 우리 중등부에 성령님이 임재하셨고 중등부 친구들을 통해 예배가 없는 학교에 예배가 세워졌다. 여러 곳의 학교에서 예배가 시작되자 중등부 아이들도 변화되기 시작했다. 대부분이 모태신앙이며 부모님을 따라 교회에 오는 친구들이었다. 그런데 학교에서 예배모임을 시작한 뒤부터 아이들의 눈빛과 예배 태도가 달라졌다. 그리고 친구들을 전도하기 시작했다. 한 영혼에게 왜 복음을 전해야 하는지를 실제 학교 현장에서 경험하며 교회로 살아가기 시작한 것이다.

한 중학교의 사례다. H가 예배모임에 한 친구를 데려왔다. 기독교 동아리 모임이 끝난 뒤 나에게 친구를 소개해 줬다. 그 친구는 이단 '하나님의교회'를 다니는 친구였다. H는 그 친구가 모임에 계속나와도 되는지 물었다. 나는 곧바로 당연하다고, 안 될 이유가 전혀

없다고 대답했다. 만약 교회에서 하나님의교회 친구가 왔다는 소식이 전해졌다면 아마 그 친구는 곧바로 쫓겨날 확률이 높을 것이다. 그러나 학교라는 장소는 다르다. 학교는 불특정 다수의 배경을 가지고 있는 학생들이 있는 곳이며 90%가 교회에 다니지 않는다. 이러한 상황에서 우리는 학교에서 예배모임을 하는 이유가 무엇인지를 생각해야 한다. 학교에 예배모임을 세우는 이유는 교회에 다니지 않는 청소년들에게 복음을 전하여 우리와 같이 친구들도 천국에 가기를 간절히 원하기 때문이다. 타 종교와 단체들의 친구들도 영혼 구원의 대상이다.

학교라는 특수성 그리고 같은 교복을 입고 같이 공부하고 같이 밥을 먹는 공동체에 있을 때 학교에 예배모임을 세워야 한다. 교회에 다니지 않는 청소년, 타 종교와 단체에 있는 청소년들과 함께 예배할 때 그들이 돌아올 수 있는 기회가 생긴다. 학교 사역은 나뿐만 아니라 친구들에게도 새로운 도전이고 모험이었다. 학교 예배모임은 우리에 익숙한 교회에 다니는 친구들끼리 모이기 위해 시작한 모임이 아니기 때문이다. 이 모임은 교회에 다니지 않는 친구들과 함께 예배하는 모임이다. 학교 예배를 통해 교회에 다니지 않는 친구들이 지옥이 아닌 천국에 갈 수 있도록 예수 그리스도의 복음을 전하는 모임이다.

부흥

하나님의 놀라운 은혜로 중등부 친구들 통해 13곳이 넘는 학교에 예배가 세워졌다. 이후 예배모임은 중등부 친구들이 리더가 되어 이끌어 가는 학교와 나에게 도움을 요청한 학교로 나눠 학교 사역을 진행했다.

나는 여느 전임 사역자처럼 중등부 외에 신문사, 성경 대학, 시니어 대학, 성인 제자반 등 여러 가지 사역을 담당하고 있었다. 전임 사역을 하며 학교 사역을 감당하는 것은 물리적인 어려움이 많았다. 갑작스런 회의, 심방, 프로젝트, 장례 등 예측할 수 없는 상황들도 존재했다.

그러나 최선을 다해 학교 현장에 찾아갔다. 나는 전임 사역을 하면서도 매일 2곳의 학교에 가서 아이들과 함께 예배를 드렸다. 전임 사역과 학교 사역을 병행하는 것이 쉽지는 않았지만 교회에 다니지 않는 친구들에게 복음을 전할 수 있는 기쁨이 모든 것을 감당하게 했다.

E중학교 사례다. I는 어린 시절 부모님의 이혼으로 많은 충격을 받았다. 그리고 얼마 후 I의 아버지는 재혼을 하셨다. I는 그 사실에 힘들어하고 있었다. 청소년이 된 후 I는 방황하기 시작했다. 무단결석부터 금품 갈취, 오토바이, 자살 시도 등 다양한 비행 행동을 했다. 학교 예배모임에 나오게 된 I는 심방을 통해 이 사실을 나에게 털어놓았다. 이후 심방에서 "I야, 요즘 어떻게 지내?"라고 물으면, "그냥 지내요"라고 대답하고, "일주일 동안 가장 많이 하는 생각은 뭐야?"라고 물으면 "죽고 싶은 생각이요. 어제도 8차선 대로 중앙에 누워 있었어요. 아무 차에 치여 죽었으면 해서요"라고 대답했다. 이

랬던 I가 지금까지 잘 살아 있고 예배도 잘 참석하고 있음은 하나님의 은혜다. 청소년 사역을 통해 다양한 청소년을 만나고 있지만 내가 어떻게 할 수 없는 영역이 너무 많다. 정말 하나님의 긍휼과 자비하심이 없이는 영혼을 살릴 방법이 없다. 그래서 아이들과 더 함께 예배하려고 몸부림칠 수밖에 없다. 더욱 예배를 사모하고 붙들 수밖에 없는 이유가 여기에 있다.

F중학교 사례다. F중학교 친구들은 유난히 기운이 좋았다. 겉으로 보기에 이렇게 밝고 명랑할 수 있을까 싶은 친구들이었다. 나는 F중학교 친구들과 1학기 동안 기쁨으로 찬양하고 기도하며 예배했다. 어느 날 F학교에서도 에너지가 가장 좋은 친구한테 자기 친구들과 지금 만나자는 전화가 왔다. 어디서 볼지 물으니 스타벅스에서 만나자고 하기에 알겠다고 했다. 조금 뒤 아이들과 스타벅스에서 만나 주문을 했다. 사실 속으로 아메리카노를 시키길 기대했다. 하지만 현실은 자바칩 프라푸치노였다. 자그마치 10명이 넘는 친구들이었다. 나도 모르게 '주여' 하고 나지막하게 소리를 냈다. 나는 음료를 받아 아이들과 대화를 이어 갔다. 자바칩 프라푸치노의 영향 때문이었던 건지 아이들의 말이 잘 들리지 않았다. 속으로 '이번 달 용돈도 마이너스구나' 생각하며 열심히 아이들의 말에 반응만 했다. 대화가 끝나갈 즈음, 한 친구가 내가 어디 교회에 있냐고 물어봤다. 내가 대답을 하자, 앞으로 우리 교회에 오겠다고 말했다. 순간 놀란 내가 "왜 우리 교회로 오는데?"라고 묻자 친구는 "우리 이제 아는 사이잖아요"라고 대답했다. 나는 이 순간을 잊지 못한다. "우리 이제 아

는 사이잖아요"라는 그 말. 정말 큰 울림이었다. 정말 아이들은 교회에 나오기 시작했다. 아이들은 관계가 형성되면 자발적으로 교회에 나온다.

4장

학원복음화 인큐베이팅

학원복음화 인큐베이팅의 시작

미션펀드 대표님과의 만남

나는 학교에 예배모임을 개설한 중등부 ○○이의 간증 이후 하나님께서 중등부 아이들을 도전하셨고 아이들은 13곳이 넘는 학교에 예배를 세웠다. 간증이 이렇게 파급력이 있을 줄 몰랐다. 나는 중등부 친구들이 자체적으로 하는 학교 외에도 매주 10곳의 학교에서 300여 명의 청소년들과 예배했다. 이 또한 구성원 80%는 교회에 다니지 않는 친구들이었다. 나는 내가 할 수 있는 최대한의 역량으로 전임 사역과 학교 사역을 병행했다. 교회에 다니지 않는 청소년들에게 예배 후 간식은 군대에서 주일예배 후 먹는 간식과 비슷하다. 한마디로 아이들에게 꿀이다. 나는 자비량으로 매주 300개 이상의 간식을 준비했다. 초창기 예배모임에 참여하는 학생 숫자가 적었을 때는 감당할 수 있었지만 100명이 넘어서고 나서부터는 정말 재정적으로 쉽지 않았다.

어떻게 간식을 해결할 수 있을까 고민하기 시작했을 때마다 제일 먼저 중등부 부장 선생님께서 최선을 다해 도와주셨다. 그러나 매주 300개의 간식을 감당하기에는 한계가 있었다. 그러던 중 교회를 사임하고 개척하는 선배 목사님이 미션펀드를 개설하여 성도님들께 공유하자, 정말 후원이 잘 이루어지는 모습을 보았다. 나도 이 모습을 보며 학교 사역을 위해 미션펀드를 개설해야겠다고 마음을 먹었다. 미션펀드를 개설하고 하루, 이틀, 일주일이 지났지만 아무도 펀딩하지 않았다. 아무래도 선배 목사님과 달리 현재 교회에서 전임 사역 중이라, 교회에 홍보를 할 수 없다 보니 더 그랬던 것 같다. 그러던 어느 날 미션펀드에서 전화 한 통이 왔다. 미션펀드 사이트에 올린 학교예배 영상을 보고 미팅을 하고 싶다는 연락이었다. 나는 내심 속으로 기대를 했다. 미션펀드에서 직접 연락이 온 것이니 후원 구조를 만들어 주려는 것은 아닌지 기대를 가지고 미팅에 참석했다. 미션펀드 직원들과 미팅을 하는 줄 알고 간 자리에 미션펀드 대표님이 있어서 정말 깜짝 놀랐다. 대표님은 학교 사역을 보고 이 시대에도 학교에서 예배가 가능하다는 사실에 정말 놀랐다고 말씀하셨다. 이어서 학교 사역은 사역 자체에 생명이 있음을 말씀하시며 전임 사역을 내려놓고 학교 사역을 전적으로 하는 게 어떻게 생각하는지 물어보셨다. 후원 구조가 이루어질 줄 알고 왔는데 대표님이 전임 사역을 내려놓고 전적으로 학교 사역을 하면 좋겠다는 말을 하시는 것에 머릿속이 복잡해졌다. 그러나 마음 한편으로는 언젠가는 전임 사역과 학교 사역을 병행할 수 없게 될 것이라는 것을 알고 있었지만 이렇게 빨리 신호가 올 줄은 몰랐다.

자비량 학교 사역자로의 변신

전임 사역을 내려놓고 자비량 학교 사역자가 되다

나는 학교 사역을 병행하기 위해 교회 사역에 누수가 없도록 내가 맡은 사역을 미리 확인하고 최선을 다해 진행했다. 미리 해 놓지 않으면 학교 사역을 병행할 수가 없었다. 그러나 교회 사역은 협업해야 하는 구조이기에 갑작스러운 업무들은 피할 방법이 없었다. 실제로 학교에서 예배하고 있을 때 갑자기 교회에서 호출이 와서 교회에 가야 하는 상황들이 자주 발생했다. 정말 아찔한 순간들이었다. 전임 사역과 학교 사역을 병행할 수 없는 순간이 점점 다가오고 있다는 것을 느끼고 있었다. 때마침 교육부 총괄 목사님과 대화를 하게 되었고 자연스럽게 학교 사역에 관한 이야기가 나왔다. 교회에서는 이번에도 학교 사역보다 전임 사역에 더욱 신경을 써 주기를 당부하셨다. 순간 미션펀드 대표님의 말과 내 안의 내적 부르심이 교차되면서 진지하게 사역의 방향을 놓고 기도하기 시작했다. 그리고 며칠 뒤 교육부 총괄 목사님께 찾아갔다. 목사님께 나의 포지션을 학원복음화 사역자로 변경할 수 있는지 교회에 문의 부탁을 드렸다. 전임 사역이 안 된다면 파트 사역자로라도 학원복음화 사역을 하고 싶음을 말씀드렸다. 애석하게도 이번에도 어려울 것 같다는 대답을 들었다. 나는 교회가 학교 사역을 할 수 있는 가장 건강하고 최적화된 곳이라고 생각했고, 여전히 그렇다고 생각한다. 그러나 현실은 학교 사역을 할 수 없는 여러 가지 상황이 존재하는 곳이기도 하다. 틀리거나 잘못된 것이 아닌 한국교회 구조적인 부분이다. 나는 교육부 총괄 목사님과의 대화 이후 학교 사역을 어떻게 이어 가야 하나 고민하는 동시에 마음 한편에서는 교회 사역을 계속하고 싶었다. 왜냐하면 당시 어머님이 췌장암 말기 판정을 받으신 상황이었는데, 어머니는 개척교회 사모로 섬겨 오시며 아들이 대형교회 부목사로 사역하고 있다는 것을 기뻐하셨다. 당신은 개척교회를 섬기며 고생했지만 아들만큼은 목회를 하면서 고생하지 않기 바라셨던 것을 알고 있었기에 마음이 참 복잡했다. 그러나 학교 사역에 대한 부르심이 계속해서 내 안에서 타오르고 있다는 사실에 마음이 답답했다.

나는 마지막으로 아내에게 마음을 이야기했다. 하나님이 학교 사역자로 부르시는 것 같다고, 전임 사역을 그만하고 학교 사역에 전념하고 싶다고 이야기했다. 아내는 전임 사역 내려놓으면 우리 가정은 어떻게 되는 건지 물었고, 나는 자비량으로 학교 사역을 해야 할 것 같다고 대답했다. 아내는 당황스러운 표정으로 한동안 아무 말이 없다가 딱 한 문장으로 대답했다.

"기도 한번 해 볼게."

바로 다음 날 아침 아내가 나를 불렀다.

"여보, 주님이 주신 마음 따라 학교 사역 해 보자."

마음을 다잡고 교회에 누가 되지 않도록 내가 해야 할 일을 다 정리한 뒤 교회에 전임 사역을 사임한다고 말씀드렸다. 이후 중등부 부장 선생님의 적극적인 도움으로 교회 내 학원복음화 협력선교사로 파송받아 교회와 지속적인 소통과 협력을 이어 갈 수 있게 되었다. 정말 이 또한 은혜다. 한번도 전임 사역을 내려놓고 자비량으로 학원복음화 선교의 길을 가야겠다 생각해 본 적이 없었다. 그런데 어쩌다 보니 학교라는 곳에 가게 되었고 꾸준히 학교 사역을 해 왔을 뿐이었다. 그런데 어느새 이렇게 학원복음화 선교사가 되었다.

지역교회와의 연결을 꿈꾸다

지역교회와 함께 지역학교에 예배를 세우는 운동

나는 교회를 사임하고 학교 사역을 어떤 모양으로 만들어 나갈 것인가 고민하며 아내에게 조언을 구했다. 나의 고민은 두 가지였다. 첫 번째로, 선교 단체를 세워 단체 중심으로 학교 사역을 주관하여 진행하는 것이고, 두 번째는, 지역교회를 찾아가서 학교 사역에 대한 비전과 전략을 공유해서 지역교회가 중심이 되어 학교 사역을 하는 것이었다. 나는 아내에게 의견을 구했다. 학교 사역이 교회에 안 다니는 청소년에게 복음을 전하여 지역교회에 자연스럽게 정착시킬 수 있도록 돕는 사역이니, 단체를 세우되 지역교회와 연계하여 지역교회가 중심이 되는 사역을 하는 것은 어떨지 생각을 물었다. 아내는 학교 예배가 지속적으로 이루어지기 위해서는 지역교회와 연계하는 두 번째 방안이 더 좋은 방법인것 같다고 말해 주었다. 나는 단체를 세워 그 중심으로 가야 하나, 지역교회와 연계하여 그 중심으로 가야 하나 깊게 고민하다 아내의 말에 확신이 들어 사역의 방향성을 정확하게 잡을 수 있었다.

> "누가 현숙한 아내를 얻겠는가? 그녀는 비싼 진주에 비길 수
> 없이 귀하다. 그녀의 남편은 아내를 신뢰하여 아무런 부족함이
> 없을 것이다"(잠 31:10-11, 쉬운성경).

하나님은 아내와의 대화를 통해 교회를 사임하고 학원복음화 선교사로 첫 발걸음을 내딛는 나에게 지역교회에 학원복음화 비전과 전략을 공유하여 지역교회를 통해 지역학교에 예배를 세우도록 마음을 주셨다. 나는 부모님을 잘 둔 특권으로 아버지가 사찰 집사에서 개척교회 담임목사로 사역하는 모든 현장에 늘 함께 있었다. 나도 모르게 내 마음속에는 언젠가 개척교회(비전교회)를 돕고 싶다는 마음이 있었다. 어쩌면 그 방법 중 하나가 학교 사역의 비전과 전략을 교회에 공유하는 것일지도 모른다는 생각을 했다. 나는 지난 9년간 교회에서 파트, 전임 사역을 하며 학교 사역을 병행했다. 이를 통

해 확실히 깨닫게 된 사실은 학교 사역이 교회에 가장 최적화된 사역이라는 것이다. 학교 사역을 하기 위해서는 교사, 학생 등 자원이 있어야 하는데 이 모든 요소가 교회에 있다. 또한 가장 중요한 학교 사역의 지속성을 해결할 유일한 대안 또한 교회다. 이 부분에 대해서는 5장에서 자세히 다루도록 하겠다.

우리가 학교 사역을 준비하며 반드시 기억해야 할 것이 있다. 그것은 바로 교회와 함께 소통하고 협력하여 교회에 다니지 않는 청소년이 교회를 경험하고 정착할 수 있도록 하는 일이다. 학교 사역은 교회학교 사역처럼 교회의 보편적인 사역이 되어야 한다. 학교 사역은 선교적 교회학교 생태계를 구축하기 위한 어느 한 부분이다. 절대 교회와 분리되어 폐쇄적으로 진행하는 사역이 아니다. 이를 위해서는 건강한 교회론과 교회를 사랑하는 마음이 있어야 할 것이다. 경직되어 있는 교회 구조를 이해하고 인내하며 끊임없이 도전해야 할 것이다. 그렇게 나는 학교 사역에 대한 분명한 방향성을 잡고 지역교회를 찾아가기 시작했다.

지역교회에 처음으로 학교 사역을 인큐베이팅하다

나는 하나님이 주신 '지역교회와 함께 지역학교에 예배를 세운다'는 마음을 품고 설렘으로 지역교회를 찾아다니기 시작했다. 하나님이 주신 마음이었기 때문에 지역교회와 연결이 당연히 잘될 것이라고 기대하고 있었다. 그러나 현실은 내가 생각했던 것과 정반대였다. 나는 지역교회에 찾아가기 전 전화를 걸어 담임목사님과 만남이

118
학원복음화 인큐베이팅

가능할지 문의했다. 긍정적으로 생각해 보고 연락을 주겠다는 대답은 하루, 이틀, 일주일을 기다려도 오지 않았다. 그래서 다시 전화를 해 보면 매번 어려울 것 같다는 응답만 돌아왔다. 아무래도 전화로는 만남 약속을 잡기가 어렵다고 판단이 들어 직접 찾아가서 문의하기 시작했다. 찾아가면 학교 사역 관련한 자료를 요청하시고, 검토 후 연락을 주신다고 말씀하셨다. 그렇게 또다시 시간이 지나도 연락은 오지 않았다.

지역교회 담임목사님을 만나는 일이 이렇게 어려울 것이라고는 상상하지 못했다. 교회를 사임하고 6개월 가까이 수십 곳의 교회를 찾아갔지만 지역교회 담임목사님과 만날 수 있는 기회는 쉽게 오지 않았다. 정말 냉혹한 현실이었다. 처음에는 교회들을 원망하며 답답해하기도 했었다. 그러나 이후 곰곰이 생각해 보니 교회들의 반응이 이해가 됐다. 내가 어떤 신학대학교를 졸업했고, 어떤 교회에서 사역했으며, 어디에 소속되어 있는지, 어떤 사역을 하고 있는지 등 나에 대한 정보가 없었다. 쉽게 말해 나에게는 교회들이 신뢰할 만한 공신력과 인지도가 없었다. 내가 지역교회에 속해 있었을 때는 전화하면 바로 소통이 가능했고 만날 수 있었기 때문에 착각을 하고 있었던 것이다. 교회를 사임하는 순간 난 그 어떤 배경도 없는 목사였다. 이 사실을 진작 알고 있었더라면 교회에서 사역하고 있을 때에 공신력을 나름 쌓고 철저히 준비해서 나왔을 것이다. 하지만 교회 밖에 나오고 나서 알게 되었다. 교회 밖은 생각보다 더 추운 곳이었다. 나는 교회와 소통하고 연결되기 위해 어떻게 공신력을 쌓아

갈 수 있을지 고민하기 시작했다. 공신력이라는 것이 하루아침에 쌓이는 게 아니기 때문에 공신력이 있는 분들의 도움이 필요했다.

먼저, 내가 졸업한 백석대학교 대학원 교수님들을 찾아가기로 결심했다. 평소 연락도 안 드리던 교수님들께 일일이 연락을 드렸다. 아마 당황하셨을 테지만, 나는 나의 선생님들이기 때문에 얼굴에 철판을 깔고 연락드렸다. 다행히 교수님들은 흔쾌히 만나 주셨다. 지역교회에 찾아갈 때마다 거절을 받다 보니 교수님들이 만나 주시는 것만으로도 너무 행복했다. 나는 교수님들 앞에서 학교 사역에 대한 비전과 전략을 최선을 다해 말씀드렸다. 교수님들께서는 도울 수 있는 방법을 찾아보겠다고 하셨다. 며칠 뒤 한 교수님께서 연락을 주셨다. 신학대학원 졸업 수련회 시간에 학교 사역에 대한 정보를 공유할 수 있는 특강 시간을 만드셨다는 희소식이었다. 교수님들의 도움으로 신학대학원 졸업 예정자 원우들에게 학원복음화 비전과 전략을 열심히 공유했다. 이후에도 교수님들은 개혁주의생명신학회, 지역교회 등에도 나를 추천해 주셨다.

그러던 어느 날 미션펀드 대표님께서 다시 전화를 주셨다. 대표님은 학교 사역에 어려움이 없는지 물으셨고, 나는 곧바로 어려움을 토로했다. 지역교회에 학원복음화 비전과 전략을 공유해야 지역교회를 통해 지역학교에 예배가 세워질 수 있는데, 지역교회 담임목사님들을 만나기가 정말 어렵다고 호소했다. 그러자 대표님은 한밭제일교회 담임목사님을 소개시켜 주셨다. 6개월 만에 지역교회 담임목사님과 연결이 된 것이다. 그 감격은 어떻게 말로 표현할 수 없었다. 정말 하나님의 은혜였다. 드디어 한밭제일교회 담임목사님과 교육부 사역자들과 미팅을 하는 날이 되었다. 나는 영혼을 갈아 넣어 학원복음화 비전과 전략을 발표했다. 발표 후 한밭제일교회 담임목사님께서는 무엇을 도와야 하는지를 물으셨다. 나는 한밭제일교회 예배 시간에 학원복음화 비전과 전략을 공유할 수 있는 시간을 허락해 달라고 요청했다. 담임목사님은 곧바로 가능하다고 말씀하시며 시간을 정해 연락을 주시겠다고 말씀하셨다. 나는 하늘을 날 것만 같은 기분이었다.

나는 집으로 돌아가는 길에 하나님 앞에서 회개와 감사를 동시에 고백했다. 내가 지역교회에서 전임 사역을 하고 교회에서 다양한 사역을 하는 모든 것이 당연한 것이라고 생각했다. 그러나 교회 밖에서 지역교회와 연계하여 함께 학교 사역을 하려고 노력하는 과정을 통해 이 모든 것이 전적인 하나님의 은혜였고 하나님이 허락하셨기 때문에 가능했다는 사실을 깨닫게 되었다. 며칠 뒤 한밭제일교회에서 연락이 왔다. 아직도 잊을 수가 없다. 2018년 12월 31일 주일 저녁 예배에 기회를 주셨다. 드디어 6개월 만에 학원복음화 비전과 전략을 공유할 수 있게 되었다.

지역교회를 통해 30여 곳의 학교에 예배가 세워지다

'지역교회를 통해 지역학교에 예배를 세우는 것'에 대한 나의 마음이 하나님이 주신 마음이라고 생각하고 전진했다. 그러나 그 과정은 수많은 실패와 좌절의 연속이었다. 이 시간을 통해 내가 확실히 깨닫게 된 것은 내가 노력해서 어떤 일이 이루어지는 것이 아니라는 사실이다. 모든 것은 하나님의 은혜와 섭리 가운데 이루어짐을 깨달았다. 나는 지역교회를 찾아갈 때마다 교단의 벽, 공신력과 인지도의 벽 등 다양하고 높은 장벽에 가로막혔다. 내 앞에 있는 저 벽을 어떻게 해야 넘을 수 있을까 기도하고 또 기도했다. 하나님은 나의 기도를 들으셨다. 공신력과 인지도가 있는 하나님의 사람들을 만나게 하셨고 그들을 통해 전혀 예상치 못한 방법으로 교회들과 연결되어 학원복음화 비전과 전략을 공유할 수 있게 되었다. 내가 왜 학원복음화 사역에 있어 지역교회에 학원복음화 비전과 전략을 공유하는 것이 제일 중요하다고 강조하는지 설명해 보고자 한다.

교회 공동체에는 학원복음화를 향한 공감대가 형성되어야 한다. 아무리 좋은 사역이라도 교회 공동체에 공감대가 형성되지 않으면 사역을 진행할 수 없다. 지역교회에 학원복음화 비전과 전략을 공유하여 공감대가 형성되면 모든 세대가 학원복음화를 위해 기도를 시작하고 자연스럽게 교사와 청소년들이 일어나 지역학교에 예배를 세운다. 그렇기 때문에 내가 어떻게 해서든 지역교회 담임목사님을

만나고자 최선을 다하는 것이다.

2019년, 놀라운 일이 일어났다. 지역교회에 학원복음화 비전과 전략을 공유한 후 교회들을 통해 30곳의 학교에 새롭게 예배모임이 개설된 것이다. 그중 한 지역교회 전도사님의 사례이다. 김준영 전도사님은 학원복음화 비전과 전략을 듣고 교회에 다니지 않는 청소년들과 만나고 그들에게 복음을 전하고자 나에게 적극적으로 연락하며 학교 사역을 할 수 있도록 도와달라고 했다. 나는 김준영 전도사님의 의지와 열정에 감동했다. 나는 강남의 G중학교 예배모임에 김준영 전도사님을 초대했고 담당 선생님과 아이들에게 소개했다. 나중에 알게 된 사실이지만 G중학교 기독교 동아리 모임에 참여하는 구성원 대부분이 소위 일진들이었다. 일진이라는 정보를 목사님들께 말하면 사역자들이 학교에 안 올까 봐 담당 선생님이 처음에 말을 안 했다고 한다.

우리는 아무것도 모른 채 학교로 향했다. 나는 아이들이 들어오는 모습을 보며 예사롭지 않다는 것을 직감했다. 속으로 김준영 전도사님이 이 아이들을 감당할 수 있을지 걱정했다. 그런데 김준영 전도사님은 아이들을 순식간에 휘어잡으며 모임을 이끌어 갔다. 학교 사역을 처음 하는 분이라고는 믿기지 않을 정도로 탁월하게 아이들과 관계를 형성하고 재미있고 쉽게 복음을 전했다.

나는 김준영 전도사님의 모습을 보고 기쁨으로 G중학교 예배모임을 전도사님에게 인큐베이팅했고 지속적으로 소통하며 전도사님이 학교에 잘 적응할 수 있도록 도왔다. 몇 달 뒤 놀라운 일이 일어났다. 김준영 전도사님을 통해 다른 학교 10여 곳에 예배모임이 새롭게 세워진 것이다. 나 혼자 학교 사역을 감당할 때보다 함께 학교 사역을 감당할 때 더 많은 학교에 예배가 세워진다는 사실을 경험했다. 학교 사역은 모두가 가능한 사역이다. 학원복음화 비전과 전략을 세우고 의지를 가질 때 학교 사역은 가능하다.

학부모 기도회의 시작

학부모 기도회가 시작되다

사랑하는 나의 딸, 희엘이가 5살이 되어 유치원을 알아보고 있었다. 분당 지역 병설유치원 지원율이 워낙 높았기 때문에 걱정이 되었다. 역시나 지원율이 높아서 추첨을 통해 유치원에 입학할 수 있다는 안내를 받았다. 입학설명회 때 교장 선생님이 인사를 하시는데 낯이 익었다. 곰곰이 생각해 보니 교장선교회 모임에서 만났던 교장 선생님이었다. 나는 너무 반가워 입학설명회가 끝난 뒤 교장 선생님을 찾아가 인사를 드리고 돌아갔다. 이제 남은 건 추첨이었다. 아는 얼굴의 교장 선생님이라니 무언가 기운이 좋았다. 나는 아내의 명을 받고 추첨 장소로 향했다. 방법은 간단했다. 가려진 상자에서 주황색 탁구공을 뽑으면 됐다. 만약 흰 탁구공을 뽑는다면 탈락이었다. 부교역자 사례비로는 일반 유치원을 보낼 수 없었기 때문에 나는 반드시 주황색 탁구공을 뽑아야만 했다. 나는 내 손에 걸린 두 개의 공 중 하나를 겨우 선택해 높이 치켜들었다. 하나님의 은혜였다. 바로 주황색 공이었다. 앉아서 대기하고 있던 학부모들의 입에서는 탄성이 흘러나왔다. 나는 재빨리 추첨장에서 빠져나와 아내에게 이 기쁜 소식을 전하며 칭찬을 받았다. 그렇게 아이가 유치원에 등교하는 날이 되어, 나는 손을 꼭 잡고 유치원을 향해 갔다. 유치원 횡단보도 앞에서 교장 선생님을 만나 인사를 나눴다. 교장 선생님은 대뜸 나를 보자마자 학교를 위한 기도가 필요하다며 학부모 기도회를 만들어 줄 것을 요청하셨다. 나는 절대 이러한 요구에 거절하는 법이 없다. 그러자 교장 선생님은 곧장 횡단보도 옆에 서 있는 녹색어머니 봉사를 하시는 학부모에게 다가가 나를 소개시켜 주셨다. 그렇게 교장 선생님의 엄청난 추진력으로 희엘이 유치원 첫 등교 날에 학부모 기도회가 만들어졌다.

그렇게 시작된 유치원 학부모 기도회는 운영 위원회실에 모인 나와 아내 그리고 녹색어머니회 봉사를 하시는 학부모 한 분까지 3명이 다였다. 우리는 매주 학부모 기도회를 진행했다. 학부모 기도회가 시작된 지 3주 정도 지났을까, 서서히 다른 어머니들도 참여하기 시작했고 초등학교에도 소문이 나서 초등학교 어머니들도 함께 참여하는 통합 학부모 기도모임이 되었다. 학부모 기도회는 찬양과 기도 중심으로 진행했다. 찬양을 두 곡 정도 부르고, 학교와 교직원을 위해, 유치원과 초등학교 아이들의 안전과 학업 그리고 영혼 구원과 각 가정을 위해, 그리고 지역교회를 위해 기도했다. 학부모 기도회는 점차 인원이 늘어 12명이 모이는 기도회가 되었다. 규모가 커지며 학부모들끼리 관계가 형성되자 기도 제목 나눔도 시작되었고, 기본 2시간 이상 열심히 기도했다. 기도하는 곳에 하나님의 성령이 역사하셨고 학부모 개인과 가정의 상처와 아픔이 치유되고 신앙이 회복되는 역사가 일어났다. 그동안 육아와 살림으로 인해 마음껏 예배할 수 없었던 학부모들이 기도회를 통해 하나님의 은혜와 사랑을 다시 한번 경험하게 되었다.

한 사람으로부터 시작된 아파트 유초등학생 예배모임

학부모 기도회에 참여하는 초등학생 학부모 중 한 분은 집에서 아들과 함께 가정예배를 꾸준히 드리셨다. 그러던 어느 날, 집에 놀러 온 아들의 친구가 집에 가기 싫다며 함께 가정예배를 드리겠다고 하여 같이 드리게 되었다. 이후 그 친구는 계속 같이 가정예배를 드리게 되었고, 그렇게 다른 친구들도 한 명, 두 명 함께하더니 10명이 모이는 예배모임이 되었다. 집에서 예배를 드리기엔 공간에 제한이 있었고, 층간 소음으로 민원도 들어오기 시작해 어머니는 아파트 관리사무소를 찾아가 놀이방 공간 사용을 허락을 받았다. 집에서 시작한 예배가 어느새 동네 예배로 확장된 것이다. 이 예배는 동네에서 점차 소문이 났고, 예배모임에 부모들이 아이들을 보내기 시작했다. 얼마 지나지 않아 예배모임은 30명을 넘었다. 교회도 다니지 않는 아이들이 왜 이 평일 저녁 예배모임에 참여하는지는 하나님의 은혜 말고는 설명할 방법이 없었다. 나중에 동네 어머니들을 통해 듣게 된 사실이지만 평일 저녁 6시부터 8시는 주부들이 가장 피곤하고 바쁜 시간이라고 한다. 아이들은 학원에 갔다 집에 돌아오는 시간이고, 남편들은 퇴근하고 집에 돌아오는 시간이라서 아이들도 챙겨야 하고 남편까지 챙겨야 하니 분주하고 정신이 없어 어머니들이 아이들을 예배에 보냈던 것이다.

아파트 예배모임에 점차 더 많은 아이가 참여하기 시작했다. 50여 명의 아이들이 참여하는 부흥이 일어났다. 놀라운 것은 아이들 중 85%가 교회에 다니지 않는 친구들이었다. 교회학교 유초등부에서는 한 명 전도하기도 어려운 시대에 매주 수요일 밤 50여 명의 친구들이 2시간 동안 예배모임에 참여하는 현장은 눈으로 보고도 신기했다.

동네 예배에 나오는 한 친구의 이야기가 기억에 남는다. A는 교회에 다니지 않지만 아파트 예배모임에 참여하고 있었다. 예배모임은 30분 단위로 찬양과 예배, 소그룹 활동, 간단한 식사, 아이들끼리 노는 시간으로 진행되었다. A는 예배모임을 통해 복음을 듣고 나서 집에 가 부모님께 이런 말을 했다고 한다.

"엄마, 아빠 교회 안 다니고 예수님 믿지 않으면 지옥에 가요."

나는 이 이야기를 듣고 교회에 다니지 않는 부모님이 아이의 말에 얼마나 당황했을지 눈에 그려져 엄청 웃었다. 아이들은 복음을 스펀지처럼 쭉 빨아들인다. 하나님께서 교회에 다니지 않는 한 영혼을 구원하시기 위해 아파트 예배모임을 세우셨고, 믿지 않는 친구들을 보내 주셨다. 아이들은 예배모임을 통해 복음을 알았고, 함께 놀

아파트 예배모임
영상

고 하나 되어 갔다. 자연스럽게 교회 출석으로 이어진 아이들은 아이들뿐만 아니라 그들의 부모님까지 자연스럽게 교회에 나오기 시작했다. 정말 놀라운 하나님의 은혜다.

청년 제자를 통해 학교에 예배가 세워지다

어느 날, 오랜만에 예전에 사역하던 교회의 D청년에게 교사 임용 시험에 합격했다는 연락이 왔다. 나는 교사가 된 청년의 말이 하나님이 주시는 신호처럼 느껴져 곧장 학원복음화 비전과 전략을 공유했다. 그리고 부임하게 될 학교에서 예배모임을 세우자고 도전했다. 그렇게 D청년은 강원도 철원에 있는 고등학교에서 예배모임을 시작하게 되었다.

집에서 2시간이 넘는 거리였지만 교회에 다니지 않는 청소년들을 만날 수 있다는 기쁨 하나로 나는 철원으로 향했다. 아이들은 찬양도 잘 모르고, 기도도 잘 모르고, 성경 내용도 잘 몰랐기 때문에 어색해했지만 매주 같은 찬양을 부르자 어느 순간에는 화음까지 넣으며 열정적으로 찬양을 하기 시작했다. 아이들이 적응하는 모습을 보며 다시금 학교 현장이 교회에 다니지 않는 청소년들에게 복음을 전할 수 있는 최고의 황금 어장임을 확신하게 되었다.

이 학교는 특이하게도 고등학교와 중학교가 같은 울타리 안에 있고 교장 선생님 한 분에 교감 선생님 두 분을 둔 구조였다. 예배모임을 진행한 지 몇 달이 지나고 한 선생님이 중학교에도 기독교인 교사가 있다며 기회가 된다면 중학교에도 예배모임을 만들었으면 좋겠다고 하셨다. 며칠 뒤 선생님은 좋은 소식을 전해 주셨다. 중학교 선생님과 연결이 되어 중학교에서도 기독교 동아리를 개설하게 되었다. 고등학생들과 예배하다 중학생들을 만나면 초등학교에서 막 올라온 아기 같은 1학년부터 사춘기를 겪고 있는 2학년, 최고 학년이라고 무게를 잡는 3학년 친구들까지 만나게 되었다. 고등학교에 비해 중학교는 아이들의 성장 편차가 확실히 크다. 그리고 고등학교 친구들보다 말랑말랑하고 더 순수하게 복음을 받아들이는 장점도 있다. 하나님의 놀라운 섭리로 청년 제자 D를 통해 강원도 철원 지역과 연결되었고 고등학교에 이어 중학교까지 예배모임이 개설되었다. 중학교 아이들이 전학을 가지 않는 한 중학교 졸업 후에 고등학교에서도 예배모임을 통해 지속적인 관계를 맺으며 예수님을 전할 수 있는 생태계가 구축된 것이다. 학교 사역을 하며 매일 고백하는 말이 있다. 하나님은 살아 계신다. 당신의 방법으로 학교의 문을 여시고, 예배를 세우시고, 복음을 전하게 하신다.

학원복음화 인큐베이팅을 전하다

제주중앙고등학교와 연결되다

나는 한 기관과 함께 제주도에 위치한 성안교회에 방문한 적이 있었다. 이때 청소년부 사역자께서 연락처를 물으시며 기회가 된다면 다시 한번 방문해서 학원복음화에 대한 이야기를 나누어 달라고 말씀해 주셨다. 이후 나는 약속을 잡고 제주도에 다시 방문했다. 그리고 최선을 다해 학원복음화 비전과 전략을 공유했다. 그러고 나서 담임목사님을 뵙고 브리핑할 수 있도록 기회를 달라고 부탁했다. 그러자 정말 놀라운 일이 생겼다. 마침 담임목사님이 복도를 지나가는 순간을 청소년부 담당 사역자가 보고 바로 만남을 주선해 준 것이다. 많은 교회를 찾아갔지만 이런 경우는 처음이었다. 놀라운 하나님의 섭리 말고는 설명할 방법이 없다. 나는 성안교회 담임목사님 앞에서 모든 것을 다 갈아 넣어 설명을 했고 학원복음화 비전과 전략을 제주도 지역교회에 공유하여 학교마다 예배를 세울 수 있도록 도움을 요청했다.

며칠이 지나 성안교회에서 연락이 왔다. 담임목사님의 도움으로 제주성시화운동 주관 학원복음화 세미나를 진행할 수 있는 자리를 마련하셨다는 소식이었다. 하나님은 이번에도 하나님의 방법으로 일하셨다. 제주지역교회와 함께 지역학교에 예배를 세워 갈 생각에 너무 설렜다. 세미나를 마치고 한 분이 나에게 인사를 하며 다가오셨다.

"저는 제주중앙고등학교 교목 이순규 목사입니다. 목사님 연락처를 알 수 있을까요?"

이렇게 제주중앙고등학교 교목 목사님과 첫 만남이 이루어졌다. 이 만남을 시작으로 이순규 목사님과 함께 제주중앙고등학교에서 학원복음화 사역을 시작하게 되었다. 제주중앙고등학교는 800여 명의 학생이 재학하고 있는 제주 유일의 미션스쿨이다. 그러나 학생 중 98%가 하나님을 믿지 않는다. 제주중앙고등학교는 미션스쿨이자 선교지였다.

나는 이순규 목사님 혼자 800여 명의 학생을 힘겹게 감당하시는 모습을 보며 여러 가지 제안을 하고 실천했다. 첫째, 예배팀 매칭이었다. 제주도에는 주중 찬양팀을 구성하여 학교 지원을 할 수 있는 규모의 교회가 거의 없다. 그래서 육지에 있는 10여 곳의 교회와 소통하여 1년 중 한 번 제주중앙고등학교 채플을 담당하는 구조를 만들었다. 이를 통해 채플 분위기를 바꾸고, 아이들의 참여도도 적극적으로 끌어올렸다. 둘째, 20개 학급의 종교 수업을 지역교회 청소년 사역자들과 매칭하여 반별 담임목사제를 시행했다. 교회에 다니지 않는 청소년들이 교회에 정착하는 데 가장 큰 어려움이 관계 형성의 부재다. 학교에 가서 1년 동안 매주 반 아이들을 만나면 관계는 저절로 형성된다. 그렇기 때문에 반별 담임목사제를 제안했고 지역교회 사역자들을 매칭하기 시작했다. 아쉽게도 제주 현지 사역자들의 참여가 쉽지 않아서 육지에서 매주 청소년 사역자들이 제주도로 가서 반별 종교 수업을 담당했다. 시간이 흘러 지금은 제주 지역 사역자들도 조금씩 참여하고 있는 추세다. 반별 담임목사제를 시행한 후 아이들이 신앙에 대한 관심이 높아졌으며 채플 참여도 또한 긍정적이게 변화했다. 셋째, 대학청년부 아웃리치를 연계하여 방학 동안 캠프를 진행하였다. 우리는 반별 종교 수업을 통해 아이들에게 복음을 전했고 채플을 통해 예배를 경험할 수 있는 생태계를 구축하였다. 그리고 방학 동안 캠프를 진행하여 아이들에게 예수 그리스도의 사랑을 경험할 수 있도록 했다. 온누리교회 대학청년부와 연계하여 여름, 겨울 캠프를 현재까지 진행 중에 있다. 교회에 안 다니는 친구들도 이 시간을 통해 예수님을 경험하고 있다. 이처럼 지역교회와 함께하니 800여 명의 제주도 청소년들에게 다양한 방법으로 복음을 전할 수 있는 기회가 생겼다.

학원복음화 사역자 양성 과정을 시도하다

나는 한 기관과 함께 학원복음화 사역자 양성 과정을 파일럿(Pilot)으로 10주간 진행한 경험이 있다. '예배가 없는 곳에 예배를'이라는 표어로 대한민국에 있는 1만 1천 중고등학교에 예배를 세운다는 목표를 세워 학원복음화 사역자 양성 과정을 기획 및 감독했다. 나는 이 과정을 진행하기 위해 정말 피나는 노력을 했다. 10년 동안 경험한 학교 사역을 문서로 정리했다. 처음에는 A4 용지 80장 분량으로, 다음에는 50장 분량으로, 다음에는 30장 분량으로, 다음에는 10장 분량으로, 다음에는 5장 분량으로, 다음에는 1장으로 정리했다. 이를 통해 10년 동안 경험한 학교 사역에 대한 모든 노하우를 정리하는 시간을 가졌다. 이 모든 작업을 마무리하는 데 6개월 정도 걸린 것 같다. 나는 행정에 은사가 없는 사람이라서 남들보다 몇 배로 노력해야 했고 스트레스를 많이 받았다. 이 작업을 하며 태어나서 처음으로 대상포진까지 걸렸다.

나에게 있어서 문서화 작업은 고통의 시간이었지만 지나고 보니 이 과정이 없었다면 오늘날 학원복음화 인큐베이팅 사역을 지금처럼 나름 체계적으로 설명할 수 없었을 것이란 생각이 든다. 마침내 학원복음화 사역자 양성 과정에 50여 명의 사역자가 참여했다. 나는 양성 과정을 통해 학원복음화 비전과 전략을 공유했다. 사역자들은 학원복음화에 대한 도전을 받았고 10주 동안 학교에 예배모임을 세우기 위한 비전, 전략, 유의사항, 학교, 교사, 학교 행정 등을 알아 가는 시간을 가졌다. 학원복음화 사역자 양성 과정은 이론 강의로 끝나는 것이 아닌 예배가 세워진 학교 현장에 가서 교회에 다니지 않는 청소년들을 대상으로 찬양 인도, 설교, 기도 인도 등 실습과 함께 진행되었다.

사역자들은 처음으로 교회에 다니지 않는 청소년들을 대상으로 그것도 교회가 아닌 학교라는 곳에서 예배모임을 인도하며 엄청 당황스러워했다. 예배에 집중하지 않고 아이들이 떠들기 시작했기 때문이다. 심지어 샤워하듯 땀까지 흘리는 사역자들도 있었다. 우리에게 주어진 시간은 단 35분이었고 35분 안에 찬양, 말씀, 기도가 진행되어야 하는데 학교 예배모임 실습에 참여한 모든 사역자가 시간을 다 조절을 못해 찬양하다가 끝나거나 성경 본문만 읽고 끝나는 경우가 많았다. 나는 뒤에서 양팔로 X 표시를 하며 끝내라는 신호를 주었고 앞에서 실습하는 사역자들은 자신도 모르게 아이들 앞에서 "아직 설교 시작도 못했는데 끝내야 한다고요?"라고 하며 당황스러워 땀을 흘리던 모습을 잊을 수가 없다. 모든 사역자가 설교 시간 때문에 예배모임을 끝까지 마무리할 수 없었다. 설교를 길게 하는 것은 쉽다. 그러나 설교를 5-7분 안에 하는 것은 훈련되지 않으면 정말 어렵다. 그런데 학교에서는 반드시 해내야 한다. 학교 안 친구들은 설교가 7분이 넘어가면 듣는 것을 포기하기 때문이다. 나는 사역자 양성 과정 강의 때 학교 사역에서 제일 중요한 첫 번째가 반드시 수업 시간을 준수해야 한다는 것을 강조한다. 매주 강조했지만 실제 현장에서 시간을 지킨 사역자는 단 한 명도 없었다. 학교에 예배모임이 세워졌다 사라지는 이유 중 하나가 다음 교시 수업 종이 쳤는데도 성령 충만을 이유로 예배를 계속 진행하는 것이다. 학교 사역 시 수업 시간은 반드시 엄수해야 한다.

나는 10주간의 학원복음화 사역자 양성 과정에 참여한 사역자들을 대상으로 강의하고 현장 실습을 지도하며 이 과정이 꼭 필요한 과정이라고 확신하게 되었다. 이를 통해 지역교회 사역자들이 학교를 이해하고 현장 실습을 통해 교회에 다니지 않는 친구들과 어떻게 관계를 형성하고 예배모임을 세워 갈지 습득할 수 있기 때문이다. 교회 입장에서는 학교 사역에 대한 비전과 경험이 없기 때문에 망설여지지만 사역자들이 못하는 새로운 것을 요구하는 것이 아닌 전문

적인 분야, 예배를 하는 것이고 단지 그 대상이 교회에 안 다니는 청소년이며 학교라는 장소만 달라진 것이기 때문에 학원복음화 사역자 양성 과정을 통해 막연하고 두려운 부분을 충분히 극복할 수 있을 것이라고 본다. 또한 지역교회에 찾아가 담임목사님을 만날 수 있는 또 다른 대안이 될 수 있을 것이라고도 생각하게 되었다. 실무 사역자들이 학원복음화 사역자 양성 과정을 경험하고 담임목사님께 긍정적으로 보고드리고 기회가 된다면 교회에 학원복음화 비전과 전략을 전할 수 있도록 강사로 추천해 주신다면 지역교회와 연계할 수 있는 길이 열릴 것이라고 생각하게 됐다.

그리고 이 생각은 현실이 되어 양성 과정을 수료한 사역자들을 통해 지역교회와 연계되는 또 다른 대안으로 자리를 잡았다. 학원복음화 사역자 양성 과정을 수료한 사역자들을 통해 15곳이 넘는 학교에 예배모임이 세워졌고 지금도 열정적으로 학교 사역을 이어 가고 있다.

부흥, 팬데믹

부흥과 함께 팬데믹이 찾아오다

나는 자비량 학원복음화 선교사로 사역을 시작하던 초기 6개월 동안은 말로 다 표현할 수 없는 어려움을 겪었지만, 그 가운데서 하나님의 신실하심을 경험했다. 교회에서 전임 사역을 하고 있을 때는 남들이 공신력을 인정해 주지만 교회 밖에 나오는 순간 나는 아무것도 아니라는 사실을 처절하게 깨달았다.

하나님께서 공신력이 있는 교수님, 대표님, 목사님, 장로님, 권사님 등 다양한 하나님의 사람들을 통해 소중한 만남의 기회를 허락해 주셨고 그 만남을 통해 지역교회와 연계되기 시작하였다. 또한 학원복음화 사역자 양성 과정을 통해서도 지역교회와 소통하고 연계할 수 있게 되었다. 이러한 과정을 통해 특정한 지역을 넘어 대한민국 어느 지역에서도 학원복음화 사역이 가능하다는 사실을 몸소 깨달았다.

나는 지역교회와 함께 지역학교에 예배를 세우기 위해 계속해서 교회를 찾아갔다. 그 결과 2019-2020년에만 50여 곳의 학교에 예배가 세워졌다. 정말 놀라운 하나님의 은혜였다. 나는 이러한 과정을 통해 하나님께서 나를 학원복음화 선교사로 부르심이 확실하다는 확신을 갖게 되었다. 동시에 하나님이 주신 비전을 하나님께서 이뤄가시는 사건들을 보며 하나님의 살아 계심을 고백하게 되었다. 학원복음화라는 생소한 영역에서 하나님이 주시는 확신과 살아 계심을 경험하는 것이 얼마나 큰 힘과 위로였는지 모른다.

학원복음화 인큐베이팅 사역이 지역교회에 조금씩 알려지기 시작하면서 지역교회에서 학원복음화 비전과 전략을 공유한 교회들을 통해 학교마다 예배모임이 세워졌다. 이렇게 꾸준히 지역교회와 연대하면 대한민국 1만 1천 개의 중고등학교에 예배모임이 세워지는 것은 시간 문제라고 생각했다. 그러던 어느 날 코로나가 전 세계적으로 퍼지기 시작했다. 그리고 얼마 뒤 우리나라에 신천지 대구지부를 통해 대구 지역에 코로나가 급속도로 퍼지기 시작했고 도시가 마비되었다. 이때까지만 해도 신천지가 있는 특정 지역에서만 유행하고 끝날 것으로 생각했다. 하지만 몇 달 뒤 WHO에서 팬데믹을 선포했다. 모두가 처음 겪는 일이었다.

바이러스로 인한 팬데믹이 선포되면서 대면 모임에 제한이 생겨났다. 새 학기가 시작했음에도, 학생들이 학교에 가지 못하게 되었다. 나는 각 학교에 있는 교사들과 소통을 하며 학교 사역을 어떻게 준비하고 시작해야 할지 촉각을 곤두세웠다. 하지만 교사들 또한 팬데믹을 처음 경험하는 상황이었기 때문에 정부와 교육부의 가이드를 기다리고 있는 상황이었다. 팬데믹이 길어지며 교육부에서는 학습 결손에 대한 심각성을 인지하고 온라인 수업을 구축하기 시작했다. 교사들이 이 혼란스러운 상황에서 온라인 수업을 준비하며 적응해 나가는 모습을 보며 정말 대한민국 국민의 적응력은 최고 수준이라고 느꼈다. 학생들은 줌(Zoom), 구글(Google) 등 다양한 온라인 플랫폼을 통해 수업에 참여했다. 그러나 학교 사역은 한동안 멈출 수밖에 없었다. 코로나로 인해 학교 출입 제한되었고 학교 사역은 대면으로 함께 모이는 것이 핵심인데 대면이 불가능한 상황이었기 때문이다. 나는 태어나서 처음으로 우울감이 찾아오고 이러다가 우울증에 걸릴 수도 있겠다는 생각을 했다. 전임 사역을 사임하고 하나님의 비전을 따라 학원복음화 사역을 시작해 이제 막 학원복음화 운동이 일어나기 시작하는 시점에 모든 것이 정지되었기 때문이다. 팬데믹으로 인해 날마다 집에 있으면서 아내에게 정말 미안한 마음이 많았다. 그러나 내가 할 수 있는 것은 아무것도 없었다. 정말 절망적인 상황이었다.

팬데믹으로 인해 모든 학교 사역이 불가능할 것만 같았다. 그런데 정말 놀라운 일이 일어났다. 학교에서 온라인 수업이 구축된 이후 온라인으로 모임을 진행할 수 있게 된 것이다. 학교 출입은 쉽지 않았지만 학교에 교사들이 있었기 때문에 온라인으로 예배모임을 진행했다. 팬데믹 기간에도 학원복음화 사역을 계속 이어 갈 수 있게 된 것이다. 팬데믹이 생각보다 길어지고 교육부에서는 온라인 교육으로 인한 부작용으로 학습 결손이 일어나자 대면과 비대면을 병행하는 것으로 수업을 전환했다. 학교 사역도 온라인과 대면을 번갈아 가면서 할 수 있게 되었다. 또한 비대면으로 인해 사회성, 관계성이 떨어지고 코로나 블루(COVID-Blue)를 넘어 레드(COVID-Red)에 이르기까지 학생들의 정서적인 돌봄이 어려워지자 학교에서 사회성, 관계성 등 감정 치유 프로그램을 진행할 수 있는지 문의가 왔다. 그러면서 자유학기 수업을 해 줄 것을 요청하셨다. 다행히 내 아내는 청소년상담사(여성가족부), 임상심리사(보건복지부) 국가자격증을 가지고 있는 전문 상담사다. 아내는 팬데믹 전부터 학교 사역을 함께하고 있었고, 학교의 필요를 알고 있었다. 아내는 커리큘럼을 만들어 학교에 제출했고, 이후 채택되어 자유학기 수업을 진행하게 되었다. 2020-2022년 팬데믹이 가장 심할 때에도 자유학기 수업을 통해 전교생들을 만났고 자연스럽게 기독교 동아리 모임도 이어졌다.

실례로, H중학교에서 해피투게더 자유학기 수업을 진행할 때였다. 중학교 1학년 B는 유난히 왜소하고 말이 없던 친구였다. 해피투게더 수업은 모둠으로 구성하여 모둠별 활동 및 발표를 하는 수업으로 진행된다. B의 발표 차례가 되면 모든 학생이 숨을 죽였다. 왜냐하면 B의 목소리가 너무 작아 누군가 조금이라도 말을 하면 알아들을 수 없었기 때문이다. B는 자신이 발표하는 차례가 되면 당황스러운 눈빛으로 도와달라는 간절한 신호를 보내는 것만 같았다. 1학기가 마무리되어 갈 때쯤 단체로 편을 나눠 활동을 할 때였다. B가 마지막 주자였는데 활동 미션을 성공시켰고 B와 같은 팀인 친구들 모두 환하게 웃으며 B를 응원했다. 마지막 수업이 끝나고 B가 우리에게 다가왔다. 수줍은 표정으로 편지를 건넸다. 거기엔 이렇게 쓰여 있었다.

"선생님, 저와 가장 친한 친구 2명이 뒤에서 저를 욕하고 다니며 왕따를 시켰어요. 그 충격으로 저는 친구들과 관계 맺는 것이 두려웠어요. 그러다 보니 자연스럽게 외톨이가 되었고 대화

할 상대가 없었어요. 저는 갈수록 주눅이 들었고 사람을 피하게 되었어요. 그런데 해피투게더 수업을 통해 선생님을 만나게 되었고 이 수업이 제 인생에 빛이 될 줄은 몰랐어요. 선생님과 헤어져야 한다니 너무 아쉬워요. 선생님 정말 감사해요."

하나님께서 해피투게더 시간을 통해 B를 회복시키실 줄은 전혀 예상하지 못했다. 내가 봐도 B는 정말 소극적이고 어두운 친구였고 이 험한 세상을 살아갈 수 있을까 걱정이 되던 친구였다. 그런데 하나님께서는 가장 소극적이고 어두움 가운데 있는 한 영혼을 회복시키셨다. 빛으로 인도해 주신 것이다!

"나는 빛으로 세상에 왔나니 무릇 나를 믿는 자로 어둠에 거하지 않게 하려 함이로라"(요 12:46).

우리 모두에게 팬데믹 시절은 가장 어렵고 힘겨운 순간이었다. 그러나 여전히 성령님은 일하셨고 한 영혼을 살리셨다. 또한 학원복음화 비전과 전략을 들은 교사들과 학생들을 통해서 팬데믹에도 20여 곳의 중고등학교에 예배가 세워지는 것을 보았다. 모두가 팬데믹으로 불가능하고 어렵다고 하는 때에 하나님은 교사, 학생, 학부모를 통해 학원복음화 사역을 지속하게 하셨다.

나는 팬데믹 기간 동안 3천 명이 넘는 친구들을 학교에서 만났다. 그중 절대다수가 교회에 다니지 않는 청소년이었다. 오히려 팬데믹 기간에 교회에 다니지 않는 청소년들과 더 많이 만나고 직간접적으로 복음을 전할 수 있는 기회를 마주한 것이다. 이렇게 학원복음화 사역은 팬데믹 기간에도 하나님의 방법대로 지속할 수 있었다.

경기 광주, 성남 지역 학교연합모임을 시도하다

교회를 사임하기 전 전임 사역을 했던 지역은 성남의 분당이었다. 분당은 학교에 예배모임이 가장 많이 세워진 지역이기도 했다. 성남은 경기도 광주와 행정 구역이 맞닿아 있는 지역적인 특징이 있었다. 당시 광주, 성남 지역에 예배가 세워진 학교는 15여 곳이었다. 어느 날 여주에 위치한 R고등학교 친구에게 전화가 왔다. 자신의 학교가 기독교 대안학교인데, 학교 안에서 기도 모임은 힘든 상황이지만, 꼭 기도 모임을 세우고 싶어서 방법을 묻는 연락이었다. 친구의 간절한 마음이 느껴졌고 우리는 그주 토요일에 약속 시간을 정하고 만났다. 아이들이 다니는 학교는 여주에 위치하고 있지만 아이들이 사는 지역은 서울, 인천, 경기 광주, 분당 등 다양했다. 우리는 모여 한 친구의 기타 반주에 맞춰 찬양하며 함께 예배했다. 이후 나는 다른 지역에서 또래 청소년들이 공립학교에서 예배하며 찬양하는 모습을 보여 주었다.

> "너희는 혼자가 아니야. 다양한 지역에서 또래 청소년들이 예배하고 있고 너희를 위해 기도로 응원하고 있어. 너희를 통해 여주에 있는 학교마다 예배가 세워질 거야. 우리 여주 지역에 있는 학교와 또래 청소년들을 위해 기도하자"

우리는 여주에 있는 학교와 또래 청소년들을 위해 간절히 기도했다. 나는 모임이 끝난 뒤 아이들과 교제하며 언젠가 학교들이 함께 모여 학교연합모임을 진행하는 날이 오면 좋겠다고 아이들에게 이야기했다. 그 이야기를 들은 한 친구가 바로 이어 "목사님, 학교연합모임 너무 좋을 것 같아요. 저희 함께 모여 예배해요. 찬양팀도 학생들끼리 구성해서 준비하겠습니다"라고 말했다. 나는 아이들이 자발적으로 학교연합예배를 하자고 해서 너무 감사했다. 그러나 한편으로는 걱정도 되었다. 팬데믹이었기 때문에 장소 섭외 및 집회를 진행하는 모든 부분이 상당히 조심스러웠다. 나는 여러 교회에 전화를 걸어 장소 섭외 요청을 했지만 팬데믹으로 인해 어려울 것 같다는 답변을 들었다. 마지막으로 분당 동문교회에 연락을 드렸는데 담임목사님께서 장소를 허락해 주셨다. 당시 상황에 정말 놀라운 결단이었다. 만약에 집회 후 코로나에 걸리기라도 하면 한동안 교회가 폐쇄될 수도 있었기 때문이다.

나는 장소 섭외가 확정된 것을 보고 하나님의 계획하심이 있을 거라는 확신 가운데 학교연합모임을 준비하게 되었다. 집회를 준비하는 기간 중 한 친구에게 연락을 받았다. "목사님, 코로나 때문에 수개월째 청소년부 주일예배를 온라인으로만 드리고 있었어요. 대면 예배를 너무나 드리고 싶었는데요. 이렇게 학교연합모임을 만들어 주셔서 너무 감사해요."

나는 이 친구의 고백을 듣고 광주, 성남 지역 학교에서 예배모임을 하며 리더로 섬기고 있는 친구들에게 학교연합모임에 대한 비전을 공유했다.

> "우리가 학교연합모임을 계획하는 이유는 첫째로, 학교에서 예배모임을 하고 있는 친구들이 우리만 존재하는 것이 아니라 다른 학교에도 있다는 사실을 서로가 알고 함께 다른 학교들을 위해 기도하며 응원하기 위해서고, 둘째로, 교회에 다니지 않는 청소년들이 교회라는 곳을 경험할 수 있는 자리를 만들기 위해서야. 셋째로는, 너희의 모습을 통해 친구들이 자신들의 학교에서도 예배모임을 세워 갈 수 있도록 도전하기 위해서야."

아이들은 학교연합모임에 대해 공감했고 각자의 자리에서 최선을 다해 학교연합모임을 준비했다. 팬데믹 기간이었기에 거리두기를 유지하여 각 학교별 2-3명만 참석할 수 있도록 공지했다. 코로나라는 변수가 있었기 때문에 과연 아이들이 얼마나 참여할지 예측할 수가 없었다. 하나님의 은혜로 광주, 성남 학교연합모임이 시작되었고 학생들은 뜨겁게 찬양하며 학교와 친구들을 위해 기도했다. 팬데믹에도 불구하고 학생과 교사 60여 명이 참여했다. 그중 10여 명은 교회에 다니지 않는 친구들이었다. 어려운 상황 속에서도 여전히 일하시고 예배를 세워 가시는 하나님은 언제나 살아 역사하심을 매 순간 내게 보여 주신다. 아이들은 학교연합모임 이후 온라인과 대면을 병행하며 학교에서 예배와 기도를 했고 지금도 이 예배모임이 이어지고 있다.

결국 답은 다시 '지역교회'

중요한 열쇠는 지역교회

학교에 예배가 세워지는 과정 중 제일 중요한 과정은 지역교회에 학원복음화 비전과 전략을 공유하는 것이다. 학교에 예배모임을 개설할 수 있는 모든 요소가 교회에 있다. 학교에 예배를 세우는 과정은 청소년들이 자발적으로 동아리 신청서를 작성하고, 담당 교사를 섭외하여 서명을 받고, 학교에 제출하는 것이다. 이 모든 요소가 교회에 있다. 그렇기 때문에 지역교회에 학원복음화 비전과 전략을 공유하는 것이 제일 중요한 포인트다.

코로나 이전에는 지역교회와 연결하는 과정이 정말 어려웠다. 역설적으로 팬데믹 기간에 많은 교회와 연계되었고 학원복음화 비전과 전략을 공유할 수 있는 기회도 많아졌다. 이 결과 20곳이 넘는 학교에 기독교 동아리 모임이 개설되었다. 특별히 새로운교회와의 만남이 기점이었던 것 같다. 우연히 세미나에서 만난 A대표님은 새로운교회에 출석하는 집사님이셨다. 대표님이 학원복음화 비전과 전략을 들으시고 새로운교회 장로님과 차세대 총괄 목사님께 브리핑을 할 수 있는 자리를 만들어 주셨다. 나는 최선을 다해 학원복음화 비전과 전략을 공유했고 이후 차세대 총괄 목사님이 "학원복음화 인큐베이팅 사역은 꼭 필요한 사역입니다. 저희가 도울 수 있는 방법을 찾아보겠습니다"라고 하셨다.

몇 달 후, 총괄 목사님께 교사대학 시간에 학원복음화 인큐베이팅에 관련한 이야기를 나눠 달라는 연락이 왔다. 나는 비전과 전략을 공유했고 교사대학에 참여한 현직 중학교 교사를 통해 학교에 예배가 개설되었다는 기쁜 소식을 듣게 되었다. 그리고 한 달 뒤 다시 총괄 목사님이 연락을 주셨다. "목사님, 새로운교회가 학원복음화 인큐베이팅을 지속적으로 응원하기로 했습니다. 패널을 만들어서 함께 사진 촬영해요. 사역에 도움이 되셨으면 좋겠습니다." 나는 연신 감사하다고 인사를 드렸다. 새로운교회 담임이신 한홍 목사님을 뵙고 '새로운교회와 학원복음화 인큐베이팅이 함께합니다!'라는 문구가 적힌 패널을 들고 사진 촬영을 했다. 한홍 목사님께서는 학원복음화 인큐베이팅 사역을 위해 기도해 주시고 축복해 주셨다. 또한 신간이 나올 때마다 책을 보내 주셔서 책을 통해 영성도 잘 지켜 나갈 수 있도록 응원해 주고 계신다.

‘새로운교회와 학원복음화 인큐베이팅이 함께합니다.’ 패널을 들고 찍은 사진 하나가 교회들과 소통하는 부분에 있어 엄청난 공신력으로 작용하고 있다. 교회 밖에서 사역하기 때문에 늘 공신력 부분에 어려움이 존재했었는데 교회를 통해 공신력이 해결되기 시작한 것이다. 하나님의 은혜로 새로운교회와의 만남 이후 다양한 지역교회와의 만남이 확장되기 시작하였고 학원복음화 비전과 전략을 공유할 수 있는 기회들이 계속 늘어나기 시작했다. 학원복음화 인큐베이팅 사역에 있어 정말 중요한 전환기였다. 이날 이후 이 패널은 학원복음화 인큐베이팅의 시그니처가 되었고 함께하는 교회들과 언제나 ‘○○교회와 학원복음화 인큐베이팅이 함께합니다!’ 문구가 적힌 사진을 촬영하게 되었다. 더 많은 교회가 함께해 주기를 진심으로 기다리고 있다.

Chapter
3

실전,
학원복음화
인큐베이팅

5장

학원복음화 인큐베이팅 매뉴얼

학원복음화 인큐베이팅은 무엇인가?

정의

학원복음화 인큐베이팅은 지역교회와 함께 '예배가 없는 곳에 예배를'을 슬로건으로 지역학교에 예배를 세우는 운동이다. 교회학교 생태계가 붕괴되고 있는 상황 가운데 선교적 교회학교 생태계를 구축하고 있다. 학원복음화 인큐베이팅의 특징은 다음과 같다.

첫째, 학원복음화 인큐베이팅은 플랫폼이다. 플랫폼이란 공급자와 수요자 등 복수 그룹이 참여해 각 그룹이 얻고자 하는 가치를 공정한 거래를 통해 교환할 수 있도록 구축된 환경이다.[12] 이 환경은 플랫폼 참여

학원복음화
인큐베이팅 소개1

---

[12] 노규성, 『플랫폼이란 무엇인가』, 커뮤니케이션북스(2014).

자들의 연결과 상호작용을 통해 진화하며, 모두에게 새로운 가치와 혜택을 제공해 줄 수 있는 상생의 생태계라고 말할 수 있다. 승강장을 생각하면 쉽게 다가올 것이다. 기차, 지하철, 버스, 혹은 비행기 등 교통수단과 승객이 만나는 공간이다. 교회는 "주는 그리스도시요 살아 계신 하나님의 아들이시니이다"(마 16:16)라는 고백 가운데 세워졌으며 예수를 주라 고백한 사람들이 모이는 공동체다. 또한 교회는 세상의 빛과 소금의 역할을 감당하는 공동체다. 그러나 한국교회는 세상과 연결되는 접점 부분에서는 다소 아쉬움이 존재한다. 이에 학원복음화 인큐베이팅은 세상과 교회를 잇는 플랫폼으로 존재하고 있다.

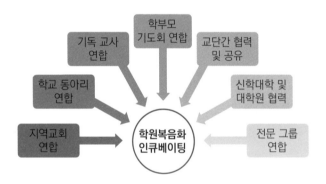

둘째, 학원복음화 인큐베이팅은 지역교회의 학교 사역을 돕는다. 학원복음화 인큐베이팅이라는 명칭에서 '인큐베이팅'은 교회에서 자주 사용하는 용어가 아니라 다소 생소할 것이다. 우선 인큐베이팅(Incubating)의 인큐베이트(Incubate)의 뜻을 알아보려 한다. 먼저, 인큐베이트는 우리말로 '품다', '키우다', '배양하다' 등의 의미를 가진다. 이처럼 학원복음화 인큐베이팅은 학교 사역 14년의 노하우를 바탕으로 학교 사역을 시작하려는 교회들을 돕는다. 비전과 전략의 부재로 인해 시작 단계서의 취약함을 극복하고, 학교에 예배모임을 개척하여 기독교 동아리를 개설하여 진행할 수 있도록 한다.

학원복음화
인큐베이팅 소개2

학원복음화 인큐베이팅은 '교회 ↔ 학교 ↔ 가정'을 잇는 다음세대 맞춤 선교 전략이다.

학원복음화 인큐베이팅의 존재 목적과 비전

학원복음화 인큐베이팅은, '지역교회와 함께 예배가 없는 학교에 예배를 세워 모든 입으로 하여금 예수 그리스도를 주라 고백하여 하나님 아버지께 영광을 돌린다'를 존재 목적(Mission Statement)으로 하며 여섯 가지 핵심가치(Core Value)를 두고 있는데, 이는 하나님 나라, 예수 그리스도의 몸 된 교회, 한 영혼, 예배, 연합의 도구, 성경 읽기 & 기도 운동이다. 하나씩 살펴보자.

• 하나님 나라

교회는 하나님 나라의 권세와 영광으로 충만한 공동체다. 교회는 건물이 아니라 예수 그리스도를 구주로 영접한 모든 '사람'이다. 학원복음화 인큐베이팅은 예배가 없는 학교에 예배를 세워 하나님 나라가 임하는 현장을 경험하는 운동이다. 하나님 나라는 교회 안에만

임하는 것이 아니라 온 우주에 충만하다.

• 예수 그리스도의 몸 된 교회

나의 신앙 고백은 '주는 그리스도시며 살아 계신 하나님의 아들이십니다'이다. 예수 그리스도의 핏값으로 산 교회는 이 땅에서 예수 그리도의 삶을 실현해 내는 공동체이다. 학원복음화 인큐베이팅은 주님의 몸인 교회를 사랑하고 그분의 지상명령을 실현하기 위해 존재한다.

• 한 영혼

내가 목회와 사역을 하는 목적(부르심)은 한 영혼에게 예수 그리스도를 전하기 위함이다. 학원복음화 인큐베이팅 운동 역시 하나님을 믿지 않는 청소년 한 영혼에게 예수 그리스도를 전하기 위해 존재한다.

• 예배

한 영혼을 구원하며 하나님 나라와 주님의 몸인 교회를 나타내는 최고의 방법 중 하나는 예배다. 청소년들에게 복음을 전해 죄 문제를 해결받고 구원받도록 돕는 최고의 방법도 다름 아닌 예배다. 학원복음화 인큐베이팅 사역이 예배를 중심에 두고 있는 이유다.

• 연합의 도구

학원복음화 인큐베이팅은 지역교회와 함께 지역학교에 예배를 세우고 있다. 또한 교회와 가정, 학교 등 마을을 구성하는 공동체가 함께 하나님 나라를 세워 가는 운동이다. 자녀 세대를 통해 예수 그리스도로 하나 되는 아름다운 만남이 이뤄지는 곳이 학원복음화 인큐베이팅 플랫폼이다.

• 성경 읽기 & 기도 운동

다음세대 인구가 감소하는 것도 문제지만, 다음세대가 '하나님을 모르는' 세대가 되고 있는 현실도 큰 문제다. 왜 이런 일이 벌어지는 걸까 고민했다. 여러 이유가 있겠지만, 나는 청소년의 삶에서 매일 성경을 읽고 기도하는 경건의 습관이 사라졌기 때문이라고 생각한다.

하나님은 성경을 통해 알 수 있다. 그런데 성경을 읽고 가까이하지 않으니 하나님을 이해하고 경험할 수 있는 기회가 희소해지고 있다. 기도해야 응답을 받고 성령의 역사도 경험하는데, 기도하지 않으니 성령의 역사를 체험하기 어려워졌다. 학원복음화 인큐베이팅은 학교 모임을 통해 학생들이 날마다 성경을 읽고 기도하도록 신앙 운동을 펼치고 있다.

학원복음화 인큐베이팅 운동 순서

지역교회와 함께 지역학교에 예배를 세우는 운동이 학원복음화 인큐베이팅 운동이라는 것을 이제 알았다면 어떻게 적용할 것인지를 알아야 한다. 학원복음화 인큐베이팅은 한 개인이나 단체가 아닌 3세대(청소년, 부모, 교회)가 연합하여 다음 세대에 복음을 전해야 한다. 지역교회에 학원복음화 인큐베이팅 운동을 적용하는 방법은 크게 다음과 같다.

① 교회 리더(담임목사, 장로, 권사 등)가 참여하는 예배 시간을 통해 학원복음화 비전과 전략을 공유하여 학원복음화에 대한 공감대를 형성한다.

② 공감대 형성 후 교회에 출석하고 있는 학교 교사들을 조사하여 커뮤니티를 조직한다(동아리 창설 및 학교 행정 관련 도움을 위해).

③ 각 학교별 학부모 기도회를 조직하여 기독교 동아리 담당 교사와 여러 고충과 민원에 대해 함께 중보하는 사역을 감당한다.

④ 교회 청소년부 친구들에게 인근 학교 예배 동아리 사례를 공유하여 그들의 마음을 도전한다.

⑤ 기독교 동아리를 통해 예배에 대한 거부감이 사라진 친구들이 교회를 경험할 수 있는 장(예, 'Wake Up' 학교연합모임)을 만든다.

⑥ 연합모임을 통해 교회를 경험하고 정착할 수 있도록 도우며, 동시에 기독교 동아리가 세워지지 않은 학교에 예배를 세울 수 있도록 도전한다(교회 ↔ 가정 ↔ 학교의 선순환 구조, 선교적 교회학교 생태계 구조를 세운다).

학원복음화 인큐베이팅 운동을 교회에 접목시킬 때 가장 중요한 핵심은 학원복음화 비전과 전략을 공유하는 것이다. 교회학교 사역과 달리 학교 사역은 아직 교회에 보편화된 사역이 아니라서 생소하게 느낄 수 있다. 수요예배, 금요 철야, 교사 세미나, 주일 오후·저녁 예배 등 리더가 참석하는 예배 시간을 통해 학원복음화 비전과 전략을 공유하여 공감대를 형성하는 것이 최우선적으로 제일 먼저 진행되어야 한다. 담임목사님, 당회, 교회 공동체가 학원복음화 사역에 대한 정보를 접한 적이 없다면 사역에 대한 그림이 없는 상태이다. 그래서 교회 공동체에 학원복음화 비전과 전략을 공유하여 반드시 공감대를 형성하는 시간이 필요하다. 아무리 필요한 사역일지라도 공감대가 형성되지 않으면 교회 공동체의 의사 결정 구조상 진행하기 쉽지 않다.

나의 경우를 살펴 보면, 나는 2009년부터 학교에서 예배모임을 하고 있었다. 사역지를 이동하여 새로운 교회에서도 학교 사역을 이어 가려고 했다. 그러나 내가 사역하던 교회는 학교 사역을 해 본 경험이 없는 곳이었다. 그래서 교회에서 근무해야 할 시간에 학교에 가서 아이들과 예배를 한다는 부분에 있어서 공감을 하지 못했다. 당시 나는 '복음도 전하고, 전도해서 부서의 출석도 늘릴 수 있는데 왜 못하게 하시지?'라며 의문을 가졌다. 그런데 시간이 흘러 돌이켜 보니 교회가 학교 사역의 필요성과 중요성에 대해 들어본 적도, 경험해 본 적도 없어 알지 못했기 때문이었다. 학교 사역을 시작하는 사역자와 교회에 꼭 당부드리고 싶다. 담임목사님과 교회 리더가 참

155

여하는 예배 시간에 반드시 학원복음화 비전과 전략을 공유하는 시간을 갖고 공감대를 형성한 후에 사역을 시작하길 바란다. 학교 사역은 일회성이 아닌 장기적으로, 지속적으로 해야 하는 사역이다. 공감대를 형성하느냐 못하느냐가 결국 학교 사역의 진행 여부와 사역의 지속성을 판가름하게 될 것이다.

가장 필요한 첫걸음

현장을 이해하라

• 영적 시장 조사가 필요하다

스타트업(Startup)을 시작할 때 무엇보다 중요한 것이 시장(Market)이다. '시장 현황'에 대해서 정확히 알고, '자신의 사업 아이템과 역량'을 객관적으로 평가하여 사업을 추진한다면, 성공 확률이 높을 것이다. 시장을 모르고 사업을 진행하는 것은 제대로 된 무기조차 갖추지 않고 전장에 임하는 것과 같다. 한국교회는 지금 '다음세대'를 외치고 있다. 그러나 한국교회는 가장 기본적인 다음세대 인구 현황(시장 조사) 데이터가 없다. 실제, 대기업에서는 신규 사업 진출 및 신규 서비스 개발에 시장 조사를 반드시 수행한다. 불확실한 상황에서 고객의 정확한 필요(Needs)와 경쟁 현황 파악, 향후 시장 전망 추이 등을 정확히 인지하지 못하면, 사업에서 실패할 확률이 높기 때문이다. 이에, 실제 사업화 이전에 반드시 신규 사업 TF

팀을 구성하여 사업 타당성 분석을 위한 시장 조사를 진행하는 것이 일반적이다. 물론 시장 조사도 고객 수요조사, 경쟁사 벤치마킹 조사, 시장 전망 조사, 사례 분석 조사, 유통망 확보 조사 등 각 목적에 따라 다양하게 수행한다.

이제는 한국교회도 미래세대 TF팀을 구성하여 불교처럼 각 학령 인구 세대별 전문 그룹을 조직하고, 교회학교 시장 조사를 진행하여 새로운 교회학교 생태계를 발굴 및 구축하여 지속 가능한 교회학교 생태계를 만들어야 한다. 이를 위해 교단, 신학대학원, 교회가 연합하여 하나님의 나라가 다음세대에 임할 수 있도록 하나님 나라 사업 타당성 조사를 반드시 진행해야 할 것이다.

실례로, 학원복음화 인큐베이팅은 영적 시장 조사 과정을 통해 지역교회 상황에 맞는 학원복음화 비전과 전략을 공유하고 있다. 이 책의 1장에서는 다음세대 인구 현황에 대해 살펴보았다. 2장에서는 우리의 경쟁 상대인 타 종교와 단체들의 전략을 살펴보았다. 3장에서는 실제 학교 현장에서 기독교 동아리를 통해 예배모임이 이루어지고 있는 학원복음화 인큐베이팅 현장에 대한 이야기를 살펴보았다. 4장에서는 학원복음화 인큐베이팅 운동이 지역교회를 통해 이루어지는 사례를 살펴보았다. 그리고 마지막 5장에서는 학원복음화 인큐베이팅의 비전과 전략을 살펴보고 어떻게 우리 교회에 적용할 수 있을지를 다룰 것이다.

이 모든 과정을 한마디로 표현하면 영적 시장 조사다. 이런 과정을 통해, 170여 곳의 학교에 예배를 세울 수 있었다. 시장 조사를 철저히 한다면 학원복음화 사역은 충분히 성공 가능하다.

• 학교 이해하기

학교를 이해하는 첫 발걸음, 첫째, 학교는 교회가 아니다. 학원복음화 인큐베이팅은 중고등학교 현장에서 기독교 동아리를 진행하고 있다. 대부분의 학교가 미션스쿨이 아닌 일반학교다. 이 말은 성경적 가치관 및 기독교인이 거의 없다는 뜻이다.

학교 사역을 처음 시작하는 사역자들이 학교임에도 불구하고 무의식적으로 교회처럼 생각하다가 문제가 발생하는 경우를 종종 보게 된다. 대표적인 사례가 수업 종이 쳤는데도 사역자가 예배모임을 시간 안에 끝내지 못해 학생들이 수업에 늦어서 민원이 생기는 일이다. 또한 교회에서 설교하는 방식과 기독교 용어를 교회에 다니지 않는 아이들도 알아들을 수 있게 사용해야 한다. 학교 예배모임에 참석하는 청소년들 대부분이 교회를 가 본 적도 없다는 사실을 잊어서는 안 된다. 성경적인 배경이 없다는 것을 꼭 기억해야 한다. 자칫하면 우리들만의 리그가 될 수 있다.

나도 수많은 시행착오를 겪었다. 모든 청소년이 이해할 수 있는 설교를 위해 지금도 계속 노력하고 있다. 내 설교의 예시이다.

아기들은 표현을 아주 정확하게 잘합니다. 배고프면 울어요. 아파도 울어요. 짜증나도 울어요. 똥오줌을 싸도 울어요. 왜요? 표현을 해야 엄마 아빠가 반응하고 아기의 필요를 채워 줄 수 있기 때문입니다. 기도가 바로 이것입니다. 신께 나의 목소리로 표현하는 것이에요. 아기였을 때는 여러분 모두 기가 막히게 표현했잖아요. 그런데 이제는 도대체 속을 알 수 없어요. 왜요? 표현을 안 하니까요! 하하하. 제가 "기도합시다"라고 외치면 여러분은 "표현합시다"라고 말해 보겠습니다. "기도합시다!" "표현합시다!" 네, 참 잘했어요.

오늘 성경은 우리를 아픔에서 죄에서 구원하고 일으키는 하나님의 놀라운 사랑과 은혜를 경험할 수 있다고 말합니다. 바로 기도, 하나님이 우리의 목소리를 듣는다는 것에서 시작하는 거예요. 지금 아픔과 어둠 가운데 어쩌면 기도할 힘조차 없는 상황에 있는 친구들이 있다면 옆에 있는 친구들과 함께 마음을 모아 손을 잡고 용기 내어 보세요. 우리의 목소리를 듣는 예수님의 안전한 사랑 가운데 한 걸음 한 걸음 나아가는 것이 기도인 것입니다. 기도를 할 줄 모르는 친구들은 화면에 보이는 기도문을 보고 읽어도 좋습니다. 오늘 이 시간 하나님의 놀라운 사랑과 은혜가 여러분을 구원하고 일으키실 것입니다.

우리 다 함께 우리의 목소리로 표현해요. 하나님이 반드시 여러분의 소리를 듣고 모든 상황들을 극복할 수 있는 힘을 주실 것입니다.

둘째, 학교는 작은 사회다. 학교는 지역, 위치, 정치, 경제, 문화 등에 따라 독특한 문화가 존재한다. 지역 사회의 축소판을 보는 것만 같다. 지역 사회를 잘 이해하고 지역 사회의 필요를 파악하면 학교 사역을 하는 데 있어서 많은 도움이 될 것이다. 나는 학원복음화 인큐베이팅 세미나 때 교사들과 소통하며 관계를 형성하여 교사들의 도움을 많이 받기를 추천한다. 왜냐하면 교사들은 학교 상황과 문화에 대해 누구보다 잘 알고 있기 때문이다.

실례로 A학교 선생님이 "목사님, 저희 학교에서는 절대 동성애 관련 이야기를 언급하시면 안 됩니다. 일전에 이슈가 있었고 민원이 들어와서 학교와 교사가 굉장히 힘들었던 사례가 있어요"라고 말씀하신 적이 있다. 학교에서 동성애, 정치 관련 이야기는 최대한 하지 않는 것을 추천한다. 자칫 이슈의 중심이 될 수 있으며 나 자신뿐만 아니라 학교에도 민원으로 인한 어려움이 찾아올 수 있기 때문이다.

셋째, 교회 홍보가 아닌 복음을 전하는 것에 집중해야 한다. 학교는 절대다수인 95%가 교회에 다니지 않는 불특정 다수가 있는 곳이다. 기본적으로 지켜야 할 태도(Attitude)가 있다. 특정 기독교 단체나 교회를 홍보하지 않는 것이 좋다. 왜냐하면 교회는 타 종교와 단체처럼 MOU 체결이 되어 있지 않다. 학교에서 기독교 동아리를 진행하고 있지만 학교는 교회가 아니라는 사실을 꼭 기억해야 한다.

실례로 A교회에서 수련회 포스터를 복도에 부착하여 민원이 생긴 사례가 있었다. 이런 일이 발생하는 경우 기독교 동아리 담당 선생님뿐만 아니라 학교 관리자 분들도 곤경에 처할 수 있기 때문에 학교에 피해가 가지 않도록 항상 선을 지켜야 한다. 그렇다면 어떻게 교회를 홍보할 수 있을까? 답은 아이들에게 있다. 아이들과 관계가 형성되면 아이들이 먼저 물어본다. "샘, 어디 교회에서 오셨어요?" 아이들이 물어봐서 답변하는 것은 전혀 문제가 되지 않는다. 종이 한 장 차이지만 엄청 다른 결과가 발생한다.

넷째, 학교와 소통하는 것을 놓치지 말아야 한다. 교회는 교회에 최적화 되어 있다. 우리는 교사가 아니며 학교의 전문가가 아니기 때문에 항상 학교와 소통해야 한다. 학교 안에서 어떤 일을 시도할 때 마음 가운데 '해도 괜찮을까?'라는 생각이 1%라도 생긴다면 꼭 담당 교사와 소통하고 진행하길 추천한다.

실례로 나는 A학교에서 학생들을 응원하는 방법으로 온라인 기도 박스를 만들었고 전교생에게 알리기 위해 포스터를 제작하여 QR코드를 찍으면 기도 박스에 기도 제목을 작성할 수 있도록 만들었다. 그리고 QR코드는 각 반별 메신저방을 통해 공유하려고 했었다. 그러나 추진할 수 없게 되었다. 취지는 좋았지만 기도 제목을 작성하는 과정에서 가정 폭력, 성폭력, 범죄 피해, 자살 시도, 자해 시도, 중독 등의 이야기가 공개되는 것이 민감한 사안이었기 때문이었다.

우리가 생각할 때는 학생들을 위해 기도하고 응원하는 것이 너무 행복한 일이지만, 반면 학교 입장에서는 곤란한 상황이 될 수도 있다는 사실을 깨닫게 되었다. 학교 사역을 할 때는 반드시 사소한 것 하나라도 학교와 소통하며 진행해야 한다.

• 교사 문화 이해하기
교사 문화를 이해하기 위해서는 첫째, 학교가 교사들의 삶의 터 전임을 알아야 한다. 다시 한번 강조하지만 학교는 교회가 아니다. 교사들에게 학교는 삶의 터전이요 직장이다. 교회들은 이 사실을 결코 가볍게 생각해서는 안 된다. 기독교 동아리를 개설하는 과정 가운데 교사들의 도움은 절대적이다. 왜냐하면 담당 교사가 있어야 동아리를 개설할 수 있기 때문이다. 동아리 개설 과정, 학교 출입 과정 등 모든 행정적인 부분에 교사의 도움이 필요하다. 돌이켜 보니 하나님께서 학교 사역의 첫 시작을 교사를 통해 시작하게 하셨고 학교 안에서 교사들과 지속적으로 소통하고 협력하며 학교라는 곳을 배우게 하셨다. 그리고 오늘날 학원복음화 인큐베이팅의 최대 강점이 되었다. 학원복음화 인큐베이팅이 학교 사역을 14년간 지속할 수 있었던 비결은 교사들과 소통을 지속하고 있기 때문이다.

내가 생각하는 교사들과의 소통은 교사를 존중하고 그들의 이야기에 귀 기울이고 공감하며, 그들의 마음 문이 열릴 때까지 기도하며 기다려 주는 것이다. 소통이 시작된 이후에는 학원복음화 비전과 전략을 공유하여 학원복음화 인큐베이팅 프로세스를 적용하고 학교 사역을 도전한다.

교회들이 학교 사역을 개설하는 과정 가운데 담당 교사를 섭외하는 것과 교사들과의 소통이 생각처럼 쉽지 않다고 느끼는 경우가 있다. 우리 입장에서는 기독교 동아리를 개설하여 교회에 다니지 않는 청소년들을 만나고 그들에게 복음을 전할 수 있기 때문에 설레는 일이다. 하지만 교사들 입장에서는 정말 신중할 수밖에 없다. 왜냐하면 민원이 들어올 경우 책임을 져야 하기 때문이다.

C사역자가 담당 교사를 섭외하는 과정 가운데 연락이 왔다. 담당 교사가 적극적이지 않은 것 같아서 다른 기독 교사와 협력하여 기독교 동아리 개설하려고 하는데 어떻게 생각하냐는 것이었다. 나는 담당 교사가 학교 상황을 보며 일을 진행하시는 것 같으니 조금만 기다려 보자고 대답했다. 역시 C사역자가 생각했던 것보단 시간이 걸렸지만 결국에는 가장 좋은 때에 기독교 동아리가 개설되었다. 우리가 생각할 때 기독 교사는 당연히 학원복음화 사역에 적극적으로 협력해야 하는 것 아닌가라고 생각할 수 있지만 교사들이 학교에서 크리스천이라고 말하는 것이 정말 어려운 시대가 되었다는 사실도 생각해야 한다. 특별히 민원의 문제를 교회가 어떻게 책임질 것인가 고민하며 교사들을 안심시키고 확신을 줄 때 교사들이 사역자와 협력하게 된다. 교사는 사역자가 아니며 학교는 교사들의 삶의 터전이라는 사실을 기억하며 학교 사역을 준비해야 한다. 또한 사역자는 교사에게 어떻게 신뢰를 줄 것인가 고민해야 할 것이다. 결국 사람의 마음을 얻는 것이 포인트다. 이것은 그들을 이해하고 공감하는 것에서부터 시작된다.

둘째, 교사들은 과중한 업무에 시달리고 있다. 교회에 있는 전임 사역자들과 교사들의 공통점이 있다. 상상 이상으로 행정 업무가 많다는 것이다. 교사들은 행정 업무 때문에 가르치는 것에 온전히 집중하지 못한다. 교사는 학생들을 가르치는 것이 본분이다. 그러나 현실은 행정, 민원처리, 각종 회의, 학부모 상담, 학생상담, 진로, 학폭, 행사, 체험 활동 등을 다 처리한다. 그런데 이것이 끝이 아니다.

담당 과목 수업은 기본이다. 교사들 중 수업을 많이 감당하고 있는 교사들은 주 18-20개 학급에 들어가 수업을 한다.

나는 아내와 함께 자유학기 수업을 담당하며 1교시부터 5교시 혹은 6교시까지 수업을 진행한 경험이 있다. 머리가 떵하고 공중에 떠 있는 느낌이었다. 너무 힘들었다. 교사들은 매일 이렇게 수업과 각종 업무를 감당하고 있다. 이런 상황 가운데 기독교 동아리를 담당하는 것 자체가 한계 상황에 있는 교사들에게 더욱 많은 부담을 주는 상황인 것이다. 그럼에도 불구하고 기독 교사들은 학원복음화를 위해 담당 교사로 헌신하기 위해 힘쓰고 있다. 교회들이 교사들의 이러한 상황을 이해하고 공감만 해도 교사들은 적극적으로 도울 것이다.

실례로 C학교에서 자유학기 수업을 하고 있을 때였다. 담당 선생님은 담당 과목 외 EBS 교재 집필도 하고 계셨다. 어느 날, 학교 업무와 집필을 병행하는 선생님이 너무 피곤해 보이셨다.

"선생님 무슨 일 있으세요?"

"목사님, 집필한 파일이 삭제되어 처음부터 다시 작성하게 되었어요. 밤을 꼴딱 새웠어요."

"아이고… 밤을 새우셨군요. 저희 부부가 부족하지만 기도로 응원하겠습니다. 수업 걱정 마시고 편하게 집필하세요."

얼마 후 선생님께서 기독교 동아리를 시작하신다고 연락이 왔다.

할렐루야! 자유학기 수업을 통해 교사와 소통하고 공감하고 응원했을 뿐이었다. 그러나 하나님께서는 교사를 통해 기독교 동아리를 통해 예배모임까지 이어 가게 하셨다.

셋째, 교사는 각종 민원에 시달린다. 앞에서도 살짝 언급했지만 민원은 교사들에게 가장 큰 스트레스와 무력감을 주는 대표적인 사례다. 과거 내가 고등학생 때만에도 선생님들의 권위는 절대적이었다. 교실에서 떠들거나 교사들에게 불만을 표출한다는 것은 상상도 할 수 없는 일이었다. 체벌은 당연한 것이었다. 그러나 '학생인권조례' 이후 교사들의 권위는 땅에 떨어진 정도가 아닌 감정노동자가 되어 버렸다. 나는 학교 현장에서 엄청난 민원에 속수무책으로 아파하는 교사들을 많이 만났다. A초등학교는 일주일에 100건의 민원이 접수된다. "운동장이 흙이네요. 잔디로 깔아 주세요", "복도 끝에 둥근 거울을 설치해 주세요", "우리 아이는 유기농만 먹으니 급식의 질을 높여 주세요", "왜 A만 칭찬하나요. 아동학대예요" 등 민원을 처리하다 교육할 시간이 어려운 상황이 오기도 한다. B고등학교에서는 수업 시간에 교사가 자신을 기분 나쁘게 했다며 쉬는 시간에 교무실로 학생이 찾아가 주먹으로 교사의 머리를 내리쳐 교사가 구급차를 타고 응급실로 실려 갔다. 그 교사는 해당 사건에 트라우마를 입어 끝내 학교에 복귀하지 못했다.

이처럼 학교는 점점 교사들의 권리는 사라져 가고 책임만이 남는 상황으로 변해 가는 듯하다. 기독교 동아리 담당 교사가 된다는 것은 이 모든 상황을 알고 경험한 교사들이 정말 많은 고민과 기도 가

165

5장 • 학원복음화 인큐베이팅 매뉴얼

운데 결정한 것이라는 것을 교회와 사역자는 인지해야 한다.

• 학부모 상황 이해하기

학부모를 이해하기 위해 알아야 할 것이 있다. 첫걸음은 첫째, 저출산으로 자녀들이 더 귀해졌다. 사람마다 차이는 있겠지만 나 같은 경우 결혼하기 전과 결혼한 후 학부모를 이해하는 시각이 완전 달라졌다. 더 넓어졌다는 표현이 맞을 것이다. 결혼하고 신혼부부 때까지만 해도 부부 중심이었다. 그런데 자녀가 생긴 후 모든 중심이 자녀에게 집중되는 경험을 하게 되었다.

딸 희엘이가 병설유치원에 다니고 있을 때다. 병설유치원은 스쿨버스 운영이 안 되기 때문에 등하교를 부모가 직접시켜야 했다. 아내는 하원 시간에 맞춰 조금 일찍 유치원에 도착해 희엘이와 친구들이 놀이터에서 놀고 있는 모습을 행복하게 바라보고 있었다. 그런데 희엘이 친구 C가 희엘이의 뺨을 난데없이 때렸는데, 그 모습을 아내가 보았다. 순간 아내는 화가 치밀어 올랐다고 한다. 곧바로 아이가 있는 미끄럼틀 안으로 들어가 "아줌마가 희엘이 때리는 거 봤어. 다시는 친구 때리면 안 돼!"라고 말했다고 한다. 부모가 되면 다른 건 다 참아도 자식을 건들면 조절이 안 된다. 본능인 것 같다.

대한민국 출산율은 OECD 국가 중 최하위다. 이제 아이가 없는 것이 어색하지 않은 시대가 되었다. 자녀가 있는 가정도 대부분이 한 자녀다 보니 부모에게 있어 얼마나 귀한 자식이겠는가. 그래서인지 자녀들의 한마디 한마디가 부모에게 행복을 주기도 하지만 핵폭

탄으로 작용하는 경우도 많다. 어린 자녀를 키우는 부모들은 어느 정도 공감할 것이다. 초등학교 하교 후 자녀들은 학교에 있었던 일을 미주알고주알 다 이야기한다. 대화 가운데 아이가 친구들과 오해가 있었거나 교사들의 지적이 있었다는 이야기를 듣고 바로 교사들에게 연락하여 해당 사실이 사실인지 확인하는 경우가 굉장히 많다고 한다.

우리 아내도 희엘이가 학교에서 지적을 받았다고 하니 선생님께 전화해서 확인해 보겠다고 한 적이 있다. 나는 옆에 있다가 "여보, 우리가 그 현장에 없었고, 전후 사정을 정확히 모르는 상황에서 선생님께 연락을 드리면 분명 오해가 쌓이게 될 것 같아. 전후 사정을 확인하고 연락해도 늦지 않아. 확인해 보자"라고 말했다. 아내는 희엘이와 친한 친구들에게 물어보며 확인을 해 보니 오해였음을 알게 됐다. 자녀를 사랑하는 마음에 그런다는 사실을 알고 있다.

둘째, 지역에 따라 학부모 문화가 다르다. 학원복음화 인큐베이팅과 학교 사이의 양 축이 무엇인지 묻는다면 단연 교사와 학부모라고 대답할 것이다. 학교 사역을 할 때 교사의 조력만큼이 필요한 사람이 학부모다. 왜냐하면 학부모와 공감대가 형성되어야 학교 사역이 보호를 받을 수 있기 때문이다.

학교에 민원을 넣는 사람은 학부모다. 반대로 민원을 넣지 않을 수 있는 사람도 학부모다. 학부모와의 소통과 협력은 학원복음화 사역의 지속성에 지대한 영향을 미친다. 학부모들과 소통할 때 기억해야 할 점은 지역에 따라 정치, 경제, 학력, 직업 등 다양한 요소 안에서 문화가 다르다는 것이다. 중요하게 생각하는 가치관, 자녀 교육관 등 한 곳도 똑같은 지역이 없다. 학부모 문화를 파악하고 그들과 협력할 수 있는 플랫폼이 되어야 한다. 학원복음화 인큐베이팅 같은 경우 학교별로 학부모 기도회를 조직하여 학부모들과 소통하고 있다. 이 부분은 학부모 기도회를 다루는 부분에서 자세하게 이야기해 보고자 한다.

셋째, 타 종교와 단체들의 학부모 비율이 계속해서 증가하고 있다. 학원복음화 사역을 진행할 때 학부모들이 공감하고 동의하는 것은 굉장히 중요하다. 왜냐하면 아이들의 모든 일정을 어머니들에 의해 조정되고 결정되기 때문이다. 크리스천 학부모가 많은 학교에서는 기독교 동아리 모임이 기도와 응원 속에서 진행된다. 하지만 크리스천 학부모 비율이 낮은 학교에서는 기독교 동아리를 불편해하는 분들도 있다. A학교에서 기독교 동아리 모임을 진행하고 있을 때다. 하나님의 은혜로 150여 명의 청소년들이 점심시간마다 찬양하며 기도하는 모임이었다. 그 모습을 한 어머님이 보시고 학교에 민원을 넣으셨다. "하나님의교회 아닌가요? 이상한 곳 아닌가요? 목사님이 함께한다고요? 목사님이 함께하는 건 절대로 안 됩니다. 아이들과 선생님들끼리 했으면 좋겠습니다." 기독교 동아리 모임은 없어지지 않았지만 사역자는 출입을 못하게 되었다.

크리스천의 감소는 결국 학교 현장에서 진행되는 기독교 동아리를 보호하고 응원하는 지원군의 부재로 이어지고 있다. 또한 미션 스쿨 같은 경우 타 종교와 단체들의 자녀들이 전략적으로 학교에 입학하여 민원을 넣고 있다. 입학 설명회 시간이 미션스쿨이며 채플이 있다고 설명했고 동의하고 입학했음에도 교육청에 민원을 넣는다. "채플하기 싫어요", "왜 채플에 참석해야 하죠" 하고 민원이 들어가면 감사가 나오고 학교에서는 채플을 진행할 수 없게 되는 구조다. 그 어느 때보다 크리스천 학부모들의 적극적인 참여와 응원이 필요하다.

• 청소년들의 상황 이해하기

청소년들을 이해하는 첫걸음은 첫째, 무조건 많이 만나고 시간을 보내야 한다는 것이다. 나는 2009년부터 지금까지 14년째 중고등학교에서 학생들을 만나고 있다. 학교에서 만난 청소년이 수만 명에 이른다. 학생들은 매년 졸업과 입학을 반복하기 때문에 나는 항상 새로운 세대의 학생들을 경험하고 있다.

내가 새로운 세대라는 표현을 쓴 이유는 불과 1년 차이의 학생들이지만 가치관이 완전 다른 세대이기 때문이다.

학교 현장에 근무하고 있는 교사들도 아이들의 급격한 가치관 변화로 인해 학생들을 이해하고 소통하는 데 어려움을 겪고 있는데, 특별히 연령이 높은 교사들이 많은 어려움을 겪고 있다. 이것은 교사들만의 이야기가 아닌 학교 현장에 있는 나에게도 해당되는 이야기다.

학교 사역을 14년째 이어 오고 있지만 매년 새로운 아이들과 소통하고 관계를 형성하는 것은 정말 많은 시간과 에너지가 필요하다.

왜냐하면 아이들의 마음 문을 열어야 하기 때문이다. 교회 다니지 않는 청소년들이 먼저 다가와 자신의 속마음을 이야기를 하는 경우는 절대 없다. 영화 속에서 볼 수 있는 이야기일 것이다. 우리가 먼저 다가가 말을 걸고, 밥도 먹으면서 관계를 형성해야 청소년들의 마음 문을 열 수 있고 관계를 쌓아 갈 수 있는 것이다. 청소년 사역은 무조건 많이 만나고 시간을 보내는 것 외에는 다른 방법이 없다.

둘째, 바쁜 학업으로 인해 시간이 없다. 우리 딸은 초등학교 4학년이다. 또래 친구들은 일주일에 10곳의 학원에 다닌다. 초등학생들도 주말 외에는 친구들끼리 놀 시간이 없다. 그러나 중고등학생들에 비하면 아무것도 아니다. 중고등학생들은 대학 입학을 목표로 어머니들의 철저한 학업 일정 관리하에 하루 일과가 정해져 있다.

나는 청소년들과 친밀감을 쌓기 위해 일정 괜찮을 때 밥을 먹자고 했다. 아이들은 대부분 어렵다고 했다. "목사님, 저 학원 가야 해요", "일요일 외에는 시간이 없어요", "일요일에도 밥 먹고 학원가야 해요" 심방하기 제일 어려운 집단이 바로 청소년이다. 시간이 없다.

셋째, 관심사에 움직이는 세대다. 세대를 구분하는 특징 중 중요한 요소가 있다. 그것은 바로 소통방식이다. 다음세대 그들의 소통방식은 기성 세대와 다르다. 우리는 다음세대를 향해 MZ세대, 알파세대[13]라는 표현을 쓴다. 특별히 알파세대를 살펴보려고 한다. 알파세대는 관심사 세대다. 자신의 관심사에 집중하고, 자신의 관심사를

---

13 알파세대는 어려서부터 기술적 진보를 경험하며 자라나는 세대로, 2010년 이후 출생한 이들을 말한다.

반영하며 소비한다. 자신의 관심사에 대한 집중도는 다른 어떤 세대보다 강하다. 스스로 접근하며 실패와 성공을 모두 경험하며 스스로 경험적 자산을 쌓아 간다.[14] 앞에서 언급한 것처럼 영적 시장 조사를 하는 이유는 다음세대, 학부모, 학교의 필요를 파악하고 그들의 관심사 속으로 함께 들어가기 위함이다. 알파세대는 관심사에 따라 움직이고 관심사에 따라 많은 것들을 해결한다. 스스로 관심 없는 분야에 대해선 의무적 눈길을 주지 않는다. 왜냐하면 자신의 관심사만 소비하기에도 시간이 부족하기 때문이다. 이런 상황 속에서 알파세대는 자연스럽게 자신의 관심사에 모든 에너지를 투자하며 관심사가 모든 소비와 행동의 기반이 된다. 따라서 자신의 관심사와 관련 없는 선택지를 억지로 소비하지 않는다. 기업들이 수많은 팝업 스토어를 만들어 기업의 물건을 경험하게 하는 이유가 바로 알파세대의 특성을 정확히 파악했기 때문이다. 그들은 스스로 경험해 보며 실패도 하고 성공도 한다. 이 과정을 통해 경험적 자산을 쌓는다. 매우 능동적인 세대다. 경험을 통해 스스로 상품이나 서비스를 해석할 수 있는 여지를 둬야 한다.

학원복음화 인큐베이팅은 교회를 다니지 않는 아이들에게 찬양과 율동, 기도, 찬양 인도, 악기팀, PPT, 음향팀, 간식, 안내, 정리, 리더, 총무 등 아이들에게 예배를 직접 경험할 수 있는 영적 팝업스토어를 제공하고 있다.

---

14 노준영, 『알파세대가 온다』, 천그루숲(2023).

동아리를 만들어라

기독교 동아리 개설 방법

	자율 동아리	창체 동아리	자유학기제	대안교실
특징	예배 중심	예배+문화+소그룹, 야외 수업	학교 선택 커리큘럼+대학 교수진 예) 카이스트 교수진	다양한 전문분야 강사진 예) 진로, 상담, 체험
대상	전교생	전교생	학년, 전교생	학교 부적응 친구
인원	7명-제한 없음	10-40명	반별 진행	20명 미만
수업	주 1-5회(1시간)	격주 (연 18회/2-3시간)	주 1회(1시간)	월-금 (1-7교시)
개설	3월, 9월	3월	3월	3월

기독교 동아리 종류

• 창의적 체험활동

창의적 체험활동, 즉 창체는 자율 활동, 동아리 활동, 진로 활동, 봉사 활동 등 4개 영역으로 나뉘어 이루어진다. 이런 활동을 통해 학생의 학교 생활 태도, 공동체 의식, 리더십, 책임감, 학업 태도, 학업 능력 등이 드러날 수 있어 중요한 항목으로 꼽힌다. 방법은 다음과 같지만, 학교마다 그 절차는 교사가 주도하느냐, 학생이 주도하느냐에 따라 다르다.

① 창의적 체험활동 계획서를 학교 홈페이지에서 다운로드해 작성한다.
② 최소 인원(15명) 이상으로 활동을 구성한다.

③ 지도 교사를 찾는다.

④ 창의적 체험활동 계획서를 제출한다(지도 교사, 활동 장소, 구성원).

⑤ 창체 동아리 활동 기간을 작성한다(학교마다 차이가 있다).

　– 대체로 격주(2시간) 또는 월 1회(3시간)로 1년간 진행된다.

⑥ 창체 동아리 활동 내용을 작성한다.

　예) 1교시 – 축복, 찬양과 율동, 말씀(8분), 기도

　　2교시 – 사회성, 관계성, 감정 치유 프로그램(15주 커리큘럼)

창체 동아리는 2-3시간을 진행하는 수업이다. 혼자서 창체 동아리를 이끌어 가는 것보다 스태프와 함께 프로그램, 소그룹, 등을 진행할 때 학생들의 반응이 더욱 좋다. 창체 동아리는 혼자 수업을 감당하기보다 청년 및 사역자들과 함께 진행하길 추천한다. 자율 동아리는 점심시간 35분 혹은 방과 후 1시간 정도 활동한다. 그렇기 때문에 짧고 굵게 진행하는 것을 추천한다. 창체 동아리는 한 반에 20-30명으로 인원이 정해져 있다. 반면 자율 동아리는 인원 제한이 없다. 누구나 참여할 수 있는 모임이다. 학교마다 차이는 있지만 작게는 10명에서 많게는 200명이 참여하고 있다.

실제로 현재 학원복음화 인큐베이팅은 D학교 선생님과 함께 창체 동아리를 담당하고 있다. 한 달에 두 번, 격주로 진행되고 있으며 수업 시간은 2개 교시로 진행된다. D학교 창체 동아리 1교시에는 예배모임을 진행하며 2교시에는 '해피투게더'라는 행복교실 프로그램을 진행한다. 해피투게더는 팬데믹 시즌 A학교의 요청으로 청

173

5장 • 학원복음화 인큐베이팅 매뉴얼

학원복음화 인큐베이팅	교회/신학교	교사/학교	학생	사역자	크리스천 기업
전체 기획	① 담임목사 미팅	기독교사단체 협력	3월 동아리 개설 준비	⑨ 학원복음화 인큐베이팅 사역자 양성 과정 수료	간식(햄버거, 피자, 치킨, 아이스크림 등)
교회 소통	② 당회, 권사, 사역자 미팅	기독 교사 모임	④-1 최소 인원 구성(7-10명)	동아리 담당	액티비티
지역 안배	청소년부 사역자	⑤ 동아리 개설 승인	④ 기독동아리 신청	학생 관리	운동
교사 컨택	③ 청소년부 주일 설교	⑥ 담당 교사 배정	담당 교사 컨택	교사 소통	소속 기념품 (팔찌)
⑧ 사역자 수급	사역자(강사) 파송	행정 조율	동아리 모임	학원복음화 인큐베이팅 소통	악기
동아리 사역 양성 과정 개설/교육	동아리 지원	⑩ 동아리 강사 검증	⑦ 동아리 홍보 모집		문화 공연 (영화, 콘서트, 뮤지컬 등)
예산 운용	청년 리더 지원	⑪ 동아리 개설			장소 제공 (집회, 숙소 등)
동아리 컨퍼런스	동아리 참여 독려	⑫ 동아리 수업 시작			문구류
각 지역별 매칭	청소년부 학생에게 기독동아리 신청 독려				
동아리 홍보 (페이스북, 인스타그램)					
⑬ 동아리 관리 (교회소통)					
동아리 후원 희망 접수					

①②	③	④	④-1	⑤	⑥	⑦	⑧	⑨	⑩	⑪	⑫	⑬
교회/신학교	교회/신학교	학생	학생	교사/학교	교사/학교	학생	학원복음화 인큐베이팅	사역자	교사/학교	교사/학교	교사/학교	학원복음화 인큐베이팅

기독교 동아리 개설 준비 역할 분담

소년상담사 겸 임상심리사인 나의 아내가 사회성, 관계성, 감정 치유 프로그램인 해피투게더를 만들어 학교에 제출했다. 해피투게더는 이후 9곳이 넘는 학교에 채택되어 자유학기 및 창체 동아리 등으로 다양한 학교에서 진행되었다. 해피투게더 행복교실 프로그램을 만들 때 이러한 비전이었다. 예수님의 말씀 "진리가 너희를 자유롭게 하리라"(요 8:32)를 중심에 두고 예수님의 치유 사역을 본받아 청소년들의 심리적인 문제를 다룸과 동시에 상담이 가교 역할이 되어 그들을 진리로 이끌 것이라는 비전을 두었다.

D학교 창체 동아리에 참여한 한 비기독교인 친구가 기억에 남는다. 초등학교 시절 가장 친한 친구 2명이 자신이 없는 자리에서 소문을 만들어 퍼트렸고 나중에는 왕따까지 시켰던 경험을 고백했다. 이후 충격에 친구들이 무서워져 친구들과 어울리고 관계 형성하는데 어려움이 찾아와서 가끔은 죽음을 생각했다고 했다. 하지만 어둠에 갇힌 것만 같았던 순간 창체 동아리를 통해 자신을 돕는 빛이 들어온 것만 같았다는 이야기에 감동을 받았다. 이렇게 하나의 프로그램이 한 영혼을 살릴 수 있다.

나는 기독교 세계관이 담긴 사회성, 관계성, 감정 치유 프로그램과 예배의 융합을 통해 학교와 학생들의 영적인 것과 진로를 충족시킬 수 있다는 것을 다시 한번 경험하게 되었다. 특별히 창체 동아리는 생활기록부에 내용을 기입해야 하기 때문에 학생의 학교 생활 태도, 공동체 의식, 리더십, 책임감, 학업 태도, 학업 능력 등이 드러날 수 있도록 예배와 진로를 연계하여 융합시키고 조화시키는 부분이 필요하다.

우리가 꼭 기억해야 할 점은 학교 및 교사들의 소통과 협력이 없이는 창체 동아리 개설이 쉽지 않다는 것이다. 학교 사역은 교사들과의 소통과 신뢰가 지속 여부의 가장 중요한 척도이다.

• 자율 동아리

창체는 대부분 교사 주도하에 개설되는 편이다. 그렇기 때문에 교사와 소통하고 학교와 아이들의 필요를 잘 파악하여 준비하는 것이 중요하다. 반면 자율 동아리는 학생 주도하에 개설되기 때문에 학생들의 의지가 중요하다. 학원복음화 인큐베이팅이 3세대를 대상으로 학원복음화 비전과 전략을 공유하는 이유이기도 하다. 자율 동아리 개설 절차는 다음과 같다. 이 역시 학교마다 방법이 다르니 알아보고 개설 신청을 해야 한다.

① 자율 동아리 활동 계획서를 학교 홈페이지에서 다운로드 한다.
② 최소 인원(5-10명) 이상으로 구성한다.
③ 계획서를 작성한다.
④ 담당 교사를 섭외한다.
⑤ 반드시 동아리 신청 기간 안에 계획서를 제출한다.
　- 학생들이 깜빡할 때가 많다. 동아리 계획서 미제출로 인해 동아리 개설이
　　안 되는 경우가 다반사다.
⑥ 자율 동아리 활동 기간을 작성한다.

예) 리더 학생의 성향에 따라 다르다(주 1-5회).

수업 전, 점심, 방과 후 학생들이 모이기 편한 시간에 진행한다.

인원 제한이 없다(작게는 10명 많게는 200명이 모인다.).

⑦ 자율 동아리 활동 내용을 적는다.

예)

– 찬양 3-4곡, 10-15분 진행(1년 동안 똑같은 찬양으로 진행한다. 참고로, 아이들이 좋아하는 찬양은 '축복합니다', '주의 자비가 내려 와', '진짜로 진짜로', '주님의 임재 앞에서', '꽃들도', '예배합니다'이다.)

– 말씀 7분 진행(예수 그리스도의 십자가 복음을 중심으로 전한다. 믿지 않는 청소년들이 90%임을 기억하자.)

– 기도 5분(학교에서는 축복, 응원 기도라고 명칭하고 있다. 학교와 교직원, 가정, 친구들, 개인의 비전 등을 두고 기도한다.)

자율 동아리
찬양 영상

– 마무리 찬양 1곡

– 간식

K학교 사례다. K학교 자율 동아리는 처음 6명이 시작하였고 1학기가 지나 150여 명이 참여하는 모임으로 성장하였다. 교회에서 궁금해하는 부분 중 하나가 어떻게 이렇게 많은 청소년, 교회 다니지 않는 청소년들이 모이냐는 것이다. 방법은 똑같다.

① 교회에 다니지 않는 청소년들 중심으로 예배를 기획하고 구성한다.

② 모두가 참여할 수 있는 예배를 만든다.

③ 예배는 유초등부 눈높이로 진행한다.

④ 하나님을 모르는 청소년들이 이해할 수 있는 언어를 사용한다.

⑤ 찬양, 말씀, 기도 모든 순서마다 예수 그리스도만 강조하고 드러낸다.

⑥ 하나님이 우리에게 복음과 간식을 주셨다. 사람에게 투자하고 지갑을 활짝 연다.

K학교 자율 동아리에 150여 명의 청소년들이 참여하고 있지만, 교회에 나가는 친구들은 10-15명 밖에 없다. 학원복음화 인큐베이팅이 14년간 학교 사역을 지속할 수 있는 비결은 바로 교회에 다니지 않는 친구들과 함께 동아리를 이끌어 갔기 때문이다. 이 부분이 굉장히 중요하다. 왜냐하면 학교 안에 교회를 다니고 있는 청소년들이 한 반에 1-2명이며 자신이 기독교인인 것을 드러내기를 원하지 않기 때문에 기독교인 중심의 자율 동아리는 운영하기가 굉장히 어렵다. 주관적인 것이지만 학교 사역을 하며 경험한 바로는, 교회 다니는 친구 한 명을 변화시키기 위해 사용하는 에너지를 교회에 다니지 않는 청소년들에게 집중하면 100여 명 이상이 모인다.

K학교 자율 동아리에서는 교회에 다니지 않는 청소년들이 찬양 인도, 찬양팀, 안내, PPT, 간식, 기도, 설교, 광고를 맡고 있다. 학원복음화 인큐베이팅은 담당 선생님과 함께 기도, 설교문을 작성하여 아이들이 미리 집에서 연습하고 또 연습하여 기독교 동아리를 인도하고 있다. 그런데 놀라운 것은 그 아이들이 중학교를 졸업하고 고

등학교에 가서도 기독교 동아리를 만든다. 그리고 이게 이어져 어느 새 교회에 나오기 시작한다.

나는 학교 현장에서 교회에 다니지 않는 청소년들을 통해 복음을 전하시는 하나님의 놀라운 섭리를 경험하고 있다. 이를 통해 복음은 어떠한 상황 가운데서도 하나님이 하나님의 방법으로 반드시 증거 하심을 눈으로 보았다.

다른 방법도 많다

자유학기

자유학기제는 학생 참여 중심의 교육 과정을 운영하는 것에 초점이 맞춰져 있기 때문에 활동 위주의 수업과 과정 중심 평가에 무게가 실리고 있다. 따라서 자유학기제가 시행되는 기간 동안에는 지필 고사 성적 대신 학생들의 수업 참여 태도와 학습에 대한 주도성, 학업 과정에 대한 평가가 주를 이루게 되므로 교과 활동 수업 편성이 달라지는 점이 특징이다. 과거에는 수업이 교과 지식을 일방적으로 전달하는 방식이었다면 현재는 학생 주도적인 참여 수업을 장려하는 방식으로 운영되고 있다.

이처럼 창체, 자율 동아리, 자유학기 등 학생들의 주도적인 참여가 가능한 수업을 학교가 필요로 하고 있다는 사실을 볼 수 있어야 한다.

앞에서 언급했듯이 팬데믹 기간 동안 학교의 요청으로 사회성,

관계성, 감정 치유 프로그램, 해피투게더를 자유학기제를 통해 진행하였다. 특별히 학교에서 먼저 진로와 연계가 가능하며 학생들의 인성과 정서를 어루만질 수 있는 회복 프로그램을 요청했다는 포인트를 교회들이 놓치지 않았으면 좋겠다.

C학교 자유학기 수업에 참여한 V라는 친구가 있었다. 어느 날 쉬는 시간에 고민이 있다며 상담을 요청해 왔다. "선생님, 너무 괴로워서 죽을 것 같아요. 선배가 너무 좋아요"라고 나에게 말했다. "선배가 멘토고 제가 멘티인데요. 선배를 좋아하게 되었어요." V가 좋아하게 된 선배는 동성이었다. 이 친구는 자신이 같은 동성을 좋아한다는 사실도 힘들었지만 그보다 힘든 원인이 있었다. "선배가 남자친구가 있어요. 그래서 너무 힘들어요. 저는 마음을 밝힐 수도 없고 어떻게 해도 거절당할 수밖에 없잖아요." 우리 부부가 아이를 위해 했던 것은 그저 V의 이야기를 듣고, 기도하겠다고 말하고, 함께 기도하는 것뿐이었다. 그러자 V는 그 자리에서 눈물을 흘리며 고마워하고 극단적인 선택을 끝내 시도하지 않았다.

C학교 자유학기 수업이 마무리 될 때 참여 학생들의 피드백은 굉장히 긍정적이었다. 그 결과로 우리는 해피투게더 프로그램을 통해 자유학기제를 담당하게 되었다. 그리고 자연스럽게 기독교 동아리도 개설했다. 자유학기제는 다양한 진로와 연계할 수 있는데 상담, 음악, 뮤지컬, 랩, 주식, AI 등으로 교회가 준비하고 접근하기에 정말 좋다. 교회 안에는 인적 자원이 있다. 인적 자원을 활용하는 데에 어려움이 있을 수 있지만, 이것만 가능하다면 우리는 이를 통해 접

점을 만들고 관계를 형성을 할 수 있다. 앞에서 언급한 타 종교와 단체들의 전략을 참고하면 좋을 것이다.

학원복음화 인큐베이팅은 두 가지 방법으로 학교 사역을 하고 있다. 한 가지는 기독교 동아리를 통해 진행하고 있으며 또 다른 한 가지는 'Special Counseling Center'라는 상담센터를 통해 진로와 연계하여 자유학기제로 학생들과 만나고 있다.

'Special Counseling Center'는 청소년상담사 겸 임상심리사인 아내가 소장으로 있으며 사업자 등록이 되어 있는 정식 센터다. 이를 통해 학교의 필요를 파악하여 학교 상황과 대상에 맞는 욕구를 채워주고 있다.

학교의 '필요'(Needs)가 포인트다. 학교와 교사는 학생들 지도에 많은 제약이 있다. 갈수록 감당이 안 되는 학생들이 증가하고 있으며 이들을 감당해 줄 자원이 절실한 상황이다. 교회들이 이러한 필요를 알고 발 빠르게 대처한다면 학교와 함께할 수 있는 길이 활짝 열릴 것이다.

대안교실

대안교실은 다양하고 특별한 교육적 수요를 충족시킬 수 있도록 일반 학급과 구분하여 대안 교육 프로그램을 운영하는 학급이다. 대안교실의 필요성이 점차 늘어나고 있다. 최근 5년 평균 65,000여 명의 학업 중단 청소년이 발생하였다. 중단의 이유는 대체로 학교 부적응이며, 그중 수업 부적응이 가장 많고, 이는 학급 수가 올라갈수록 증가하고 있다. 이에 획일적인 교육 방식으로 충족할 수 없는 다양한 교육 욕구가 증가하고 있다.

대안교실의 목적은 다음과 같다. 학생들의 꿈과 끼를 살리는 다양한 교육 기회 제공, 학교 부적응 학생에게 유의미한 학교 생활이 되도록 지원, 다양한 교육을 원하는 학생들에게 대안적 교육 기회 제공, 학생들의 교육 소외를 해결할 수 있는 학교의 교육 역량 제고, 위기 학생을 포함한 모든 학생이 공동체의 일원으로서 존중하고 협력하는 교육 기회 제공이다.

대안교실의 의의를 정리해 보았다.

① 학교 부적응 해소

학교생활에 흥미를 느끼지 못하거나 자신에게 필요한 도움을 받지 못하여 학교에 대한 긍정적 의미를 찾지 못하고 교육적으로 소외되어 있는 학생들을 위해 새로운 내용과 방식의 교육적 지원을 제공하여 학교 부적응 및 소외 문제를 해소한다.

② 쉼터, 자기성찰 기회

정규 수업에 흥미를 느끼지 못하거나 학업 동기를 상실하여 소외되어 있고 스트레스를 받는 학생들에게 쉼터와 같은 기능을 제공한다. 다양한 대안교실 프로그램을 통해 새로운 흥미와 성취를 경험하면서 자신을 되돌아볼 수 있는 정신적 여유를 제공한다. 자신의 삶에 새로운 의미를 부여하고 이를 추구해 가는 성장의 기회를 제공한다.

③ 학교 기능 혁신

학교 내 대안교실의 운영은 학교 혁신의 의미를 지닌다. 그동안 교육적으로 소외되어 있던 학생들을 그들의 눈높이에서 이해하고 이들에게 맞는 교육 프로그램을 제공함으로써 학교 기능의 개선을 시도한다.

④ 학교문화의 변화

교육 소외에 대한 관심과 문제의식을 바탕으로 다양한 과제들을 자율적으로 해결해 가면서 학교 구성원들의 사고, 행동, 태도, 신념의 변화가 나타나는 집단 학습을 형성한다. 학교 내 대안교실이 효과적으로 운영되기 위해서는 구성원 간의 원활한 소통과 협력, 배려와 돌봄, 열린 사고와 유연한 조직 운영이 필요하다.

대안교실의 방향성은 다음과 같다.

① 학생의 눈높이에서 이해

학생들의 행동과 가치에 대해서 옳고 그름을 평가하기 전에 먼저 그들의 입장에서 이해하려는 노력이 필요하다. 학생들의 생각과 정서에 관심을 기울이며 질문하고 진실하게 대함으로써 교사에 대한 신뢰 형성 및 교육 프로그램에 대한 관심을 촉진한다.

② 개인별 맞춤형 교육

학생 개개인마다 부적응 및 소외가 일어난 근본 원인을 객관적으로 조사하고, 이를 해결할 수 있는 지식과 방법, 경험을 제공, 학생 개인의 능력과 꿈을 찾도록 격려하고 동기를 부여하는 맞춤형 교육을 실시한다. 능력을 인정받고 꿈을 찾은 학생들은 꿈을 이루기 위해 불리한 환경도 극복하며 보다 적극적으로 교육에 참여한다.

③ 학생의 자발성 중시

학습 과정에서 학생이 준비되었을 때 비로소 교사의 지원을 제공한다. 학생들이 교사와 약속하여 스스로 정한 학습 목표를 지키도록 유도하되, 이를 강제하지 않는다. 학생들은 스스로 성장할 수 있는 힘이 있으므로 자신의 능력을 느끼고, 알며, 실천할 수 있도록 지원한다.

④ 규범을 정하고 지킬 수 있는 자율성 부여

학생들이 학급 회의에 참여하면서 학급 규범을 결정하도록 한다. 자신들이 만든 규범을 스스로 지키도록 유도하고, 절차를 통해 학생 지도를 위한 노력 및 그 과정에서 발생하는 갈등을 감소시켜 교사가 좀 더 본질적인 교육 활동에 집중할 수 있도록 여건을 조성한다.

나는 교회가 대안교실 제도를 적극 활용하기를 추천한다. 대안교실 매뉴얼에는 교회와 연계하여 물적, 인적 자원을 활용하라고 명시

하고 있다. 특별히 학교 부적응으로 인해 학업을 중단하는 학생들이 매년 평균 65,000명이라는 수치는 우리가 생각하는 것보다 학업에 어려움을 겪는 청소년들이 많다는 사실을 인식하게 한다. 학원복음화 인큐베이팅은 교장단 모임에서 W고등학교 교장 선생님을 만나게 되었다. 교장 선생님은 신입생들이 1학기 동안 적게는 40명, 많게는 90명이 자퇴를 하는 현실을 토로하며 안타까워하셨다. 도움을 청하신 교장 선생님께 나는 대안교실 제도를 추천했다. 학교 부적응자라는 낙인이 찍히지 않도록 아이들이 학교 안에서 자발적으로 참여하면 좋을 것 같았다.

학원복음화 인큐베이팅은 W고등학교에서 대안교실을 운영했다. 아이들과 다양한 프로그램과 활동을 했으며 학교의 전폭적인 응원과 지지가 있었다. 몇 년 뒤 다른 학교로 전근을 간 교장 선생님이 연락을 주셨다. W고에서 운영한 대안교실을 통해 아이들의 자퇴율이 낮아졌고, 무사히 학교 졸업했음을 알려 주시며 많이 고마워하셨다. 나는 대안교실을 운영하기 전 교장 선생님의 말씀이 기억에 남는다.

"목사님, 어른들이 만들어 놓은 제도 안에서 그 틀에 적응 못하는 아이들이 낙오자라고 낙인찍히는 것이 저는 너무 안타깝습니다. 이 아이들이 학교를 졸업만 하면 사회에서 잘 적응하고 살아갈 텐데요. 학업을 중단하면 아이들이 보호를 받을 수 없습니다. 저는 이 아이들이 무사히 학교를 졸업했으면 좋겠습니다."

나는 이 사례를 통해 한국교회가 기독교 대안학교를 통해 선한 영향력을 나타내는 것처럼 대안교실 제도를 잘 활용하여 아이들을 찾아가 함께 시간을 보내고 예배하면 학교와 아이들이 살아나고 교회학교도 살아날 것이라는 확신이 있다.

유치원·초등학교 동네 예배

중고등학생들은 어른들의 조력과 지원이 있으면 주도적으로 모임을 진행할 수 있다. 그러나 유·초등학교는 학생들 주도적으로 진행하는 부분에 한계가 있을 수밖에 없다. 팬데믹 기간 동안 비대면 온라인 수업을 진행할 때 초등학교 저학년 부모님들은 이른 아침부터 인터넷에 접속하여 매 교시마다 아이들을 수업에 접속해 주었던 기억이 있을 것이다. 유·초등학교 아이들은 어른의 손길이 필요하다.

유·초등학교 동네 예배를 개설하기 위한 방법을 설명해 보고자 한다.

① 교회에 학원복음화 비전과 전략을 공유한다.

② 공감대가 형성된 어머니들을 중심으로 학부모 기도회를 조직한다.

③ 아파트 책 놀이방 혹은 경로당 등의 장소를 섭외한다.

④ 모임 요일을 정하고, 시간은 평일 저녁 6-8시에 진행한다.

⑤ 자녀가 다니고 있는 유치원, 초등학교 부모들에게 정보를 공유한다.

⑥ 유·초등학교 동네 예배 형식

   - 찬양과 율동 13분

- 말씀 8분(교구를 사용하여 아이들 눈높이에 맞게 적용)

- 암송 챈트

- 반별 모둠 활동 20분(주기도문, 사도신경, 암송, 찬양 발표 연습 등)

- 간식

- 게임, 단체 활동, 그리기 등 오감을 활용하는 교육

⑦ 유·초등학교 동네 예배 활동 기간

- 초등학교 학사 일정과 동일하게 운영한다.

- 방학에는 모임을 잠시 멈추고 개학 후 다시 진행한다.

활용 예시이다. 현재 D초등학교 동네 예배는 아파트 안에 있는 책 놀이방에서 진행하고 있다. 매주 수요일 저녁 6시부터 8시까지 진행되고 있으며 누구나 참여할 수 있다. 학부모 기도회에 참여하고 계시는 어머니들이 스태프로 참여하고 있으며 동네 예배를 졸업한 중학생 자녀들도 스태프로 함께하고 있다. D초등학교 동네 예배는 학부모 기도회, 지역교회의 조력, 졸업한 학생들의 참여 등의 협력을 통해 중학교에서도 이어지고 있다.

찾아가는 진로탐색 페스티벌

2024학년도 대입부터 자율 동아리 활동, 개인 봉사 활동 실적, 수상 경력, 독서 활동 등 학생부에 기재되던 여러 항목이 반영되지 않는다. 기재 분량도 축소되며, 자기소개서 또한 폐지된다. 이러한 기조는 2025학년도 대입에서도 그대로 적용된다. 대입에 반영되는 항

목들이 줄어듦에 따라 대학은 '교과학습발달상황', '세부능력 및 특기사항'(세특), '창의적 체험활동사항' 등 학생부의 기본 항목에 더욱 무게를 두고 학생을 평가한다. 해당 항목들은 모두 성실한 수업 참여가 기본이다. 특히 세특은 선생님이 평가한 수업 관련 특기사항이 기재되므로 발표, 토론, 과제 등에 활발히 참여해 자기주도적인 모습과 열정, 적극성을 드러내야 한다.

2학년 때부터는 일반 선택 과목과 진로 선택 과목 중 학생이 각자의 적성, 진로에 맞는 과목을 선택해 수업이 진행된다. 대학은 이러한 교과 이수 현황, 즉 학생이 어떤 과목을 선택해 이수했는지를 중요하게 평가한다. 선택 과목 자체가 전공 및 진로에 대한 관심, 열정을 대변하기 때문이다. 빠르면 1학년 1학기 중간고사 이후부터 선택 과목에 대한 안내와 설문 조사가 진행되기 때문에 고등학교 1학년 학생들은 입학과 동시에 어떤 대학 및 전공을 목표로 할 것인지, 이를 위해선 어떤 과목을 이수하는 것이 유리할지 등을 생각해 봐야 한다.[15]

우리나라 대학 입시는 정말 치열하다. 특별히 의대에 진학하기 위해 유·초등 의대반이 있을 정도다. 그만큼 진로와 대학 입시는 대한민국에서 가장 중요한 영역 중 하나다. 학교에서는 학생들이 진로 및 적성, 직업, 학과에 대한 정보를 얻을 수 있도록 돕고 있으며 진로 활동, 각 시도에서 운영하는 진로진학정보센터 '워크넷' 등의 사

---

15 대학저널, "고등학교 1학년 때부터 학생부 관리, 진로 탐색에 집중해야", 2022. 3. 2.

이트를 통해서도 쉽게 정보를 얻을 수 있다. 이처럼 학교는 학생들의 진로에 진심이다. 하지만 교사들은 늘 아쉬움이 남는 부분이 있다고 한다. 바로 그 진로의 현장에 있는 현직 전문가들과의 만남이다. 교육청과 지자체가 연계해서 각종 멘토단을 운영하고 있지만 주중 학교로 찾아와 아이들을 만나는 일은 생각보다 쉽지 않다. 왜냐하면 주중에는 일을 해야 하기 때문이다. 이런 점에서 학교는 늘 현장 전문가와의 만남에 목말라 있다. 비전은 한 사람을 통해 전달되기 때문이다.

이에 학원복음화 인큐베이팅은 지역교회와 함께 지역학교와 소통하며 진로탐색 페스티벌을 진행하고 있다. 방법은 다음과 같다.

① 학원복음화 비전과 전략의 한 방법으로 진로탐색을 공유한다.
② 교회 공동체와 공감대를 형성하여 다양한 직업군에 있는 인력망을 조직한다.
③ 지역학교와 소통하며 학생들이 관심 있어 하는 직업군 리스트를 작성한다.
④ 교회는 학생들이 관심을 갖고 만나고 싶어 하는 직업군의 성도님들을 찾아 포스터를 제작한다.
⑤ 지역학교에 진로탐색 강사로 섬길 직업군 프로필을 전달하고 진로탐색 페스티벌 일정을 조율한다.
⑥ 교회는 진로탐색 페스티벌을 통해 학생들을 만나고 학생들은 자신이 관심을 갖고 있는 진로와 직업군의 현장 전문가와 수업을 진행한다.

⑦ 일회성 행사가 아닌 지속적인 멘토, 멘티 관계로 발전시킨다.

⑧ 진로탐색 페스티벌 강의에서 끝나는 것이 아닌 직장, 사업장, 현장에 방문할 수 있도록 연계하여 현장을 경험할 수 있는 장을 만든다.

학원복음화 인큐베이팅은 G학교와 소통하며 학생들이 제일 관심 있는 직업군을 선정하여 진로탐색 페스티벌을 진행했다. 경제, 4차 산업, 비보이, 랩, 뮤지컬, 상담심리 등 3학년 전교생을 대상으로 각 반별로 들어가 수업을 진행했다. 학생들은 자신들이 관심을 가지고 있는 직업군의 현장 전문가와 만남을 가졌다는 자체만으로도 수업에 흥미를 느꼈다. 또한 강사들은 학생들이 수업에 참여할 수 있는 요소들을 많이 만들어 학생 중심의 수업을 진행했다. 이처럼 학원복음화 인큐베이팅은 G학교와 소통하며 학생들의 필요에 맞춰 진로탐색 페스티벌을 진행한 것이다. 교회의 최대 강점은 바로 풍부한 인적 자원이 있다는 것이다. 교회 공동체가 학생들의 진로탐색 영역에 함께하고 좋은 길잡이가 되어 준다면 자연스럽게 교회학교와 교회는 부흥될 것이다.

미션스쿨

우리나라 최초의 서양식 근대 학교는 헨리 아펜젤러(Henry G. Appenzeller)가 세운 배재학당이다. 배재학당은 그 이름에 걸맞게 수많은 조선의 인재들을 배출했다. 개화기 지식인 서재필과 윤치호, 초대 대통령 이승만, 한글학자 주시경, 광복군 총사령관 지청천 등이 있으며, 문인으로는 「물레방아」 등으로 한국 문학사에 큰 발자취를 남긴 소설가 나도향, 시 「진달래 꽃」으로 유명한 시인 김소월 등도 배재학당이 배출한 인재들이다.

남성들을 위한 근대 교육 기관으로 배재학당이 있었다면, 이와 쌍벽을 이루던 우리나라 최초의 근대 여성 교육 기관으로는 이화학당이 있었다. 이화학당은 1886년 메리 스크랜턴(Mary B. Scranton) 선교사가 유교적 인습에 얽매여 배움의 기회를 얻지 못했던 조선 여성들을 깨우치면서 기독교적인 인생관을 가질 수 있게 할 목적으로 정동에 설치한 여성 전용 학교로, 오늘날 이화여자고등학교와 이화여자대학교의 전신이다. 이처럼 미국 선교사들에 의해 처음으로 '근대 교육 제도'의 미션스쿨이 설립되었고 빈부귀천와 신분고하를 막론한 보편적 성격의 조선 교육의 '대혁명'이 일어나는 데 중요한 역할을 했다. 시간이 흘러 미션스쿨의 정신과 정체성은 사라지기 시작했고 종교 과목 및 채플, 교목 또한 많이 사라졌다. 그러나 여전히 미션스쿨 중에는 기독교 정신과 정체성을 지켜 나가고 있고 채플이 살아 있는 학교들도 있기 때문에 희망을 버리기엔 이르다.

장로교 통합 교단 기준으로 한국기독교학교연합회 회원 교회는 130여 곳, 학생 및 교직원이 9만여 명에 이른다. 한국교회가 미션스쿨을 보호하고 채플을 지켜 나갈 수 있도록 적극적으로 돕는다면 학원복음화와 교회학교는 살아날 수밖에 없다. 그렇다면 미션스쿨과 지역교회는 어떻게 연대하고 협력할 수 있는지 방법을 소개하려고 한다.

① 지역교회에 학원복음화 비전과 전략을 공유하여 미션스쿨 사역에 대한 공감대를 형성한다.
② 미션스쿨 채플 활성화를 위한 지원을 한다
   - 설교자, 찬양팀 지원, 신앙수련회 지원, 교사수련회 지원, 간식 지원, 성경책 지원
③ 교회에 다니지 않는 청소년들을 위한 다양한 신앙 교육 프로그램과 활동을 지원한다.
④ 지역교회들이 연합하여 학교에 찾아와 청소년들을 자주 만난다.
⑤ 기독교 동아리, 찬양팀 교육 및 훈련, 기도 모임, 인성교육, 진로탐색, 부모교육 등 교목이 혼자 감당할 수 없는 활동들을 지원한다.

한때 학원복음화 인큐베이팅은 공립학교에서만 학교 사역을 했었다. 그러던 어느 날 A미션스쿨의 교목을 만나게 되었고 미션스쿨의 현실을 알게 되었다. 교목 혼자 800-1,000여 명의 학생들 담당하고, 종교 수업과 학교 행정 업무를 감당하기에도 너무 벅차서 학생들을 심방하거나 상담하는 건 현실적으로 쉽지 않은 상황이었다. 또한 채플을 준비하는 날에는 아무것도 못하고 채플 준비만 하다 일과가 끝나는 현실이었다. 매년 교회에 다니지 않는 청소년들의 비율이 높아지고 있어 어느덧 학교 구성원 중 85% 이상 교회에 다니지 않는 상황이기도 했다. 교육부 정책으로 인해 사학에서 기독교인만을 교사로 채용할 수 없다 보니 기독교인인 교사들의 비율과 비기독교인의 비율이 역전되어 교사들의 도움을 받는 것도 어려워졌다. 채플

을 없애 달라는 민원까지 날로 늘었다. 그야말로 사면초가였다.

대부분의 교회가 미션스쿨 현장에 있는 이러한 실제적인 상황과 정보를 모르고 있다. 이 상황을 알았다면 한국교회가 누구보다 먼저 발 벗고 나섰을 것이다. 한국교회가 미션스쿨 채플과 신앙 정신을 살리기 위해 TF팀을 조직하여 적극적으로 지원한다면 교회학교는 살아날 것이다. 미션스쿨과 연계하여 사역하는 데 있어 중요한 포인트가 있다. 학원장, 이사장, 관리자, 교목 등 미션스쿨 핵심 구성원들과의 원활한 소통이다.

실례로 A목사님을 미션스쿨에 소개한 적이 있다. 나는 미션스쿨의 교목이 교회로 생각하면 담임목사님 개념이기 때문에 교목과 늘 소통하며 교목이 제시한 방향에 따라 사역을 진행하고 그 이상의 것은 충분히 소통하고 먼저 행동하지 않는 것이 좋다고 가이드를 했다. A목사님은 열정이 넘친 나머지 교목이 제시한 방향 이상의 것을 행동으로 실천했다. 그 장소가 교회 안이었다면 전혀 문제가 될 것이 없는 사역이었다. 하지만 학교라는 장소의 특성과 학교의 담임목사인 교목이 있었기 때문에 A목사님의 사역은 선을 넘는 행동이 되어 버린 것이다. 결국 A목사님은 미션스쿨에서 더 이상 사역을 할 수 없게 되었다. 교목이 제시한 방향 안에서 사역을 진행해도 많은 것을 할 수 있다. 이 점을 꼭 유의해야 한다. 교목, 관리자, 이사장, 학원장의 성향과 추구하는 방향을 꼭 파악하고 학교와 호흡을 맞춰야 한다. 학교마다 독특한 조직문화가 존재한다. 그 문화를 존중해야 학교에서 함께 동역할 수 있다.

현재 학원복음화 인큐베이팅은 매년 15곳의 미션스쿨과 1만 2천 명의 청소년들을 만나고 있다. 또한 기독교학교연합회와 MOU를 체결하여 그 대상 학교가 130여 곳, 9만여 명의 학생 및 교직원과 연계되어 있다. 학교와 소통하며 학교의 필요를 파악하면 학교에서 복음을 전할 수 있는 길은 무궁무진하다.

3세대 사역

학원복음화 인큐베이팅은 3세대가 함께 다음세대의 일상인 학교에 예배를 세우는 운동이다. 3세대란 청소년들이 자발적으로 예배를 시작하고, 부모세대가 자녀들을 위해 기도하고, 교회 공동체가 그들을 지원하고 응원하는, 청소년, 부모, 교회를 말한다.

신앙생활은 3세대가 함께 연대하고 연계할 때 가장 강력하고 지속할 수 있다. 다음세대 사역을 한다고 다음세대에게만 초점을 맞추는 것이아니라 반드시 3세대가 학원복음화 비전과 전략을 공유하고 공감하여 함께 다음세대에게 신앙을 전수해야 할 것이다.

3세대 사역 ↔ 교회

교회가 시스템을 갖추며 조직문화가 자리를 잡게 되었다. 이를 통해 한국교회는 놀라운 성장과 안정을 나타내기 시작했다. 성장과 안정을 이루며 현재의 한국교회는 창의적인 교회와 경직된 교회로 구분을 지을 수 있을 것 같다. 두 교회의 각 특징을 살펴보려 한다.

- **창의적인 교회**
  - 새로운 것에 도전과 실험을 한다.
  - 다양성을 인정한다.
  - 현장과 사역자에게 권한을 위임한다.

학원복음화 인큐베이팅 운동을 하며 하나님의 은혜로 다양한 교회들을 경험할 수 있었다. 많은 교회가 "다음세대 사역이 어렵다", "중고등부 사역은 이제 불가능하다" 등 부정적인 전망을 내놓고 있다. 그러나 여전히 부흥하고 있는 교회들이 있으며 그 교회들의 공통된 특징은 '창의성'이다. 담당 사역자가 끊임없이 도전하고 실험하며, 담임목사님과 당회와 의견이 다를지라도 수용하고 소통하며 실행할 수 있는 기회를 제공한다는 공통점을 지녔다. 또한 현장 사역자에게 모든 권한을 위임하여 실패와 성공의 경험을 통해 창의적인 활동을 이어 갈 수 있도록 하고 있다. 나는 여전히 성장하는 교회들을 보며 나 또한 많은 도전과 식견을 얻고 있다. 또한 학원복음화 인큐베이팅 사역에도 접목할 수 있는 부분들을 발견하여 이들이 먼저 시도하고 경험한 내용을 적용하여 사용하고 있다.

- **경직된 교회**
  - 리더에게만 초점이 맞춰져 있다.
  - 의사 결정에 상당한 시간이 소요된다.
  - 눈앞에 보이는 단기적인 결과에 행동이 집중된다.

이러한 교회의 특징은 모든 사역이 리더의 관심을 끌고 있느냐 없느냐에 따라 사역이 결정되는 것이다. 다음세대를 살리기 위해서는 '다음세대의 필요'를 파악하고 그들에게 초점을 맞춰야 한다. 그러나 경직된 교회들의 특징은 '리더의 필요'에 초점을 맞춘다. 이로 인해 정보의 왜곡이 발생하여 여러 가지의 정보 중 한두 가지의 정보만 걸러져 전달된다. 경직된 교회의 가장 큰 아쉬움은 의사 결정에 상당한 시간이 소요된다는 것이다. 부교역자들 사이에서 우스갯소리로 하는 말이 있다. "예수님 재림하실 때 다음세대 사역 및 재정지원 안건이 당회에서 통과 될 것이다"라는 말로, 그만큼 의사 결정에 시간이 걸린다. 타 종교와 단체들은 발 빠른 대처로 계속해서 부흥하고 있다. 반면 교회학교는 생태계가 붕괴하고 있는 이 현실 앞에서도 의사 결정 지체로 인해 새로운 사역을 시도조차 하지 못하고 있는 경우가 발생하고 있다. 또 다른 특징으로, 경직된 교회는 사역에서의 실패를 두려워한다. 이로 인해 창의적인 사역을 시도하지 않고 잘해 온 일만 하고 잘 아는 것만 진행한다. 이런 모습이 보여지는 교회는 사역자들의 다양한 창의적인 아이디어와 의견이 반영되기 어려운 교회 문화를 갖게 되며 점차 쇠퇴할 수밖에 없다.

실례로 어느 날, A교회 담임목사님 부부와 세미나 이후 교제를 하며 다음과 같은 이야기를 들었다.

"우리 교회는 한때 교회학교에 500명이 넘는 아이들이 있었지만 현재 30여 명의 아이들만 남았어요. 청소년부 예배 시간이

따로 없고 청소년부 담당 사역자를 뽑고 싶지만 원로목사님 목
회 방향과 맞지 않아서 못 뽑고 있어요."

A교회는 평신도 제자훈련을 통해 각 부서를 평신도 리더들이 맡
고 있다. 과거에는 충분히 모든 부서 사역을 감당했지만 시대가 변
하면서 아이들의 가치관이 달라졌고 아이들과 소통에 어려움을 겪
게 된 것이다. 과거 지역에서 교회학교 아이들이 가장 많았던 A교회
는 현재 장년 성도들만 남은 교회가 되어 버렸다.

• 적용

나는 학원복음화 사역이 가장 최적화된 곳이 교회라고 생각한다.
왜냐하면 학교에 예배를 개설하기 위해 필요한 인적, 물적 자원이
다 교회 안에 있기 때문이다. 그래서 학원복음화 인큐베이팅이 지역
교회를 찾아가 학원복음화 비전과 전략을 공유하여 공감대를 형성
한 후 지역교회와 함께 지역학교에 예배를 세우고 있는 것이다. 이
러한 프로세스를 만들게 된 이유가 있다. 내가 전임 사역을 하고 있
었을 때는 내가 담당하고 있는 청소년들과 함께 학교에 예배를 세울
수 있었기 때문에 학교에 예배모임을 세울 학생에 대한 부족함이 없
었다. 또한 교회 안에 학교에서 근무하고 있는 교사들도 있었기 때
문에 교사 수급에 대한 아쉬움도 없었다. 하지만 교회를 사임한 후
교회 밖에서 새로운 학교에 예배를 개설하면서부터 모든 일이 다 어
려워졌다. 왜냐하면 학교에 동아리를 개설을 할 수 있는 가장 핵심

적인 청소년들과 기독인 교사 자원이 나에게는 없었기 때문이다.

그러다 보니 교회 밖에서 어떻게 하면 학생들과 교사들을 만나 학원복음화 비전과 전략을 공유할 수 있을까 고민하다 찾은 답이 바로 교회다. 나는 이러한 과정을 통해 지역교회에 학원복음화 인큐베이팅 비전과 전략을 공유하기 시작했다. 그리고 놀라운 일들이 일어나기 시작했다. 학원복음화 비전과 전략을 들은 교회들을 통해 학교에 예배가 세워지기 시작한 것이다. 또한 특정 교회나 특정 지역에서만 예배가 세워지는 것이 아닌 모든 지역에서 가능하다는 것을 보게 되었다. 학원복음화 인큐베이팅이 교회에 적용되는 과정은 교회 리더들이 참여한 예배 시간을 통해 학원복음화 비전과 전략을 공유하기만 하면 된다. 그러면 이후 자연스럽게 학교에 예배가 세워진다. 크게 네 가지의 과정으로 진행이 된다.

① 다음세대 인구 현황
② 타 종교와 단체들의 전략
③ 학원복음화의 실제 모델 소개, '학원복음화 인큐베이팅'
④ 어떻게 교회에 적용할 것인가?

학원복음화 인큐베이팅 사역 초기 이러한 과정이 구축되기 전에는 교회와 사역자들에게 동아리 개설 방법만 전수했었다. 그런데 학교에 동아리 개설이 잘 안 되는 것이었다. 수많은 고민과 사례 조사를 통해 공통된 특징을 발견했다. 그 특징은 다음과 같다.

① 교회 공동체 안에 학교 사역에 대한 그림과 비전의 부재

② 청소년부 안에 학교 사역에 대한 그림과 비전의 부재

③ 학교와 교사들과의 소통과 공감 부재

④ 공신력의 부재

과거와 달리 학교에 기도 모임과 예배모임을 개설할 때는 학생들 뿐만 아니라 교사들의 도움이 필요하다. 구체적으로 절차가 존재한다. 우리가 학교 사역을 하기 위해 학교를 이해하고 접근해야 하는 이유다.

> "최목사님, 목사님이 말씀해 주신 방법으로 진행하려고 했는데요. 청소년부 아이들이 반응이 없어요. 성도 중 학교 교사가 있는데 반응이 없어요. 교회에 말씀드렸는데 반응이 없어요."

담당 사역자는 학원복음화 세미나를 들었기 때문에 비전과 전략이 공유되어 학교 사역에 대한 열정이 있지만 교회나 교사, 청소년에게는 생소한 사역이다. 교회에서 학원복음화 운동이 일어나기 위해서는 학원복음화 비전과 전략이 공유가 반드시 선행되어야 한다. 앞에서 언급했던 A교회는 110년이 넘은 역사와 전통을 가지고 있는 교회다. 나도 예전에 120년 된 한 교회에서 사역자로 섬겼던 경험이 있었다. 교회의 전통과 문화는 생각하는 것 이상으로 경직되어 있다. 새로운 것을 시도하거나 급격한 변화를 추구하기 정말 힘든 구

조를 가지고 있다. 하지만, 변화는 일어난다. 110년된 역사와 전통을 가지고 있는 양평동교회도 학원복음화 비전과 전략을 공유한 뒤 3곳의 학교에 예배가 세워졌다. 그만큼 학원복음화 인큐베이팅 운동에 있어 교회에 학원복음화 비전과 전략을 공유하는 것이 절대적인 포인트인 것이다.

학교 교사

학교는 작은 사회다. 학교에도 정치, 경제, 학력, 지역 특성 등 다양한 문화와 규율이 존재한다. 학교 사역을 준비하고 있는 교회들은 특별히 지역문화와 학교와 교사들의 문화와 상황을 이해하고 공감하기 위해 많은 관심을 가져야 한다. 왜냐하면 학교는 교회가 아니기 때문이다. 계속해서 반복하지만, 학원복음화 인큐베이팅이 14년째 학교 사역을 지속할 수 있는 비결은 학교와 교사들과 지속적인 소통을 하고 있기 때문이다. 교회에 학원복음화 비전과 전략을 공유하는 것 다음으로 가장 중요한 포인트가 바로 학교와 교사와 관계를 맺고 소통하는 것이다.

다시 한번 강조하지만 학교는 교회가 아니다. 사역자들은 교회에 최적화 되어 있다. 교회 조직, 문화, 행정, 기획, 사역 등 교회 전문가들이다. 하지만 학교에서는 내가 교회에서 어떤 위치에 있고 어떤 능력이 있었는지와 상관없이 아무런 경력도 인정되지 않는다. 마치 해외 이민을 갔을 때 학력, 직업, 직위 등 그 어떠한 경력도 인정되지 않는 것과 마찬가지다.

목회자가 신학대학원을 졸업하고 목사 안수를 받아 교단에서 인정을 받아 성도들에게 공신력을 얻는 것처럼, 교사는 교원자격증을 취득한, 나라에서 인정하는 교육 전문가이다. 교회에서 성도님들이 목사님들의 목회 방향을 따르고 교회 공동체를 섬기고 있는 것처럼 학교에서는 교사들의 지도에 따라야 한다. 학교 사역은 학교, 교직원, 학생, 학부모 등 처음부터 끝까지 섬김이다.

> "인자가 온 것은 섬김을 받으려 함이 아니라 도리어 섬기려 하고 자기 목숨을 많은 사람의 대속물로 주려 함이니라"(마 20:28).

이러한 자세가 사역자들이 학교 사역을 하기 전 갖춰야 하는 태도다. 교사들은 소통과 공감이 되는 교회와는 적극 협력한다. 이를 위해서는 학교와 교사들의 문화를 이해하는 것에서부터 시작된다는 사실을 꼭 기억해야 한다. 그렇다면 어떻게 학교와 교사들과 관계를 맺고 신뢰를 쌓아갈 수 있을까? 방법은 다음과 같다.

첫째, 교회 안에 있는 교사들을 발굴하여 교사 커뮤니티를 조직해야 한다. 우리 교회에 교사가 없는 경우 노회, 기독교연합회, 기독사 단체를 찾아가 교사를 발굴하고 관계를 형성해야 한다. 둘째, 교사들에게 학원복음화 비전과 전략을 공유한다. 과거 기독교 동아리를 경험했던 선배 교사들은 이제 은퇴하거나 관리자가 되었다. 젊은 교사 대부분 학교 사역에 대한 경험이 없기 때문에 교사들에게도 비전과 전략을 공유해야 한다. 셋째, 교사들의 마음 문이 열리고 협력하겠다고 할 때까지 여유를 가지고 기다린다. 사역자들은 학교 사역을 통해 복음을 전할 수 있다는 사실에 하루 속히 학교에 예배를 개설하고 싶어한다. 하지만 교사들 입장에서는 시간이 필요하다. 건강한 교회인지, 사역자가 어떤 사람인지, 학생들은 자발적으로 준비가 되어있는지, 학교 관리자와 문화가 어떤지 등을 확인하는 작업은 그저 과중한 업무 가운데 신경써야 할 부분이 또 생기는 일이다. 그런데 사역자들이 이 시간을 기다리지 못해 포기하는 경우를 종종 볼때가 있다. 안타깝기만 하다. 교사들의 상황을 이해하고 기도하며 기다려야 한다. 넷째, 교사들에게 자신들을 이용한다는 느낌을 주지 말아야 한다. 종종 자신의 교회와 부서의 부흥을 위해 학원복음화와 교사들을 이용하는 경우를 본다. 그때 학교 관리자와 교사들이 공통적으로 하는 말이 있다.

> "교회가 지속적으로 학교를 응원하고 섬겨 주셨으면 좋겠습니다. 하지만 교회에 다니지 않는 교사들과 학생들의 눈에는 교회가 아이들을 전도해서 많이 데리고 가려는 모습만 보인다고 합니다."

정말 큰 울림을 주는 말이다. 학교와 학생들을 축복하고 지속적인 소통과 협력을 이어 갈 때 교회학교는 자연스럽게 부흥한다. 단기간의 성과가 아닌 지속성에 초점을 두었으면 좋겠다. 다섯째, 학부모 기도회를 통해 학교를 응원하는 문화를 만들어 가야 한다. 교사들의 교권이 끝없이 추락하면서, 교사들이 어려움을 호소하고 있다. 최근에는 교사가 스스로 목숨을 끊는 사건들이 계속 일어나고 있다. 참으로 안타까운 일이다. 이럴 때 교회만이 할 수 있는 일이 있다. 바로 각 학교별로 학부모 기도회를 조직하고 민원을 넣는 문화가 아닌 학교와 교직원과 자녀들을 축복하는 문화를 만들어 전국적인 운동으로 확산시키는 것이다.

> "우리의 싸움은 이 땅의 사람들에 대항하여 싸우는 것이 아니라 이 세상의 어두운 세력들과 공중의 권세 잡은 악한 영들에 대항하여 싸우는 것입니다"(엡 6:12, 쉬운성경).

기독교 동아리 사역은 교회가 추구하는 운동이라는 사실을 기억하며 교회가 적극적이고 지속적으로 감당할 때에 교사들이 조력하기 시작할 것이다. 또한 교회가 성도들을 심방하는 것처럼 교사 신우회 모임을 적극적으로 찾아가 지속적인 소통과 협력을 통해 관계를 쌓아 가는 일도 꾸준히 해야 할 것이다.

청소년 & 학부모 기도회

학교에 예배가 세워지기 위해서는 학생들의 자발성이 중요하다. 왜냐하면 학교에 동아리를 개설하기 위해서는 학생들이 자발적으로 신청을 해야 하기 때문이다. 하지만 청소년부를 담당하고 있는 사역자가 간절한 마음으로 "우리는 교회입니다. 학교에서 교회로 살아갑시다"라고 외친다고 한들 아이들은 쉽게 움직이지 않는다. 어떻게 하면 아이들의 마음을 열고 동역할 수 있을지에 대한 고민의 결과로 나는 현재 두 가지 방법으로 접근하고 있다.

첫째, 학원복음화 비전과 전략을 아이들과도 공유해야 한다. 이를 위해서 필요한 것은 세 가지이다. 먼저, 청소년들이 사역자가 아니라는 사실을 인지하고 학교 사역을 준비해야 한다. 사역자 입장에서는 아이들이 빨리 학교에 동아리를 개설했으면 좋겠다고 생각한다. 그러나 대부분의 아이들은 천하태평이다. 왜냐하면 학생들은 어디까지나 학생이기 때문이다.

다음으로, 중요한 포인트는 방법론이 아닌 비전이다. 비전과 전략 공유를 통해 내가 왜 학교에서 교회로 살아가야 하는지 분명한 그림을 그려 줘야 한다. 또래 친구들이 학교에서 기독교 동아리 활동을 하고 있는 사례를 많이 보여 주고, 기회가 된다면 학교연합모임(Wake Up)에 참여하여 학교에서 기독교 동아리 활동을 하고 있는 친구들의 간증을 들으면 도전받고 학교에서 예배모임을 시작한다.

마지막으로, 스스로 경험하고 선택하게 해야 한다. 앞에서 언급했던 것처럼 알파세대가 자신의 관심분야에 집중하고 팝업스토어를 찾아가 스스로 경험하는 과정들을 통해 학교 사역이 관심사가 될 수 있도록 해야 한다. '지금 우리가 있는 곳에서'(Here and Now) 왜 선교적 삶을 살아가야 하는지에 대한 구체적인 비전과 전략 속에서 학생들이 스

학교연합모임
(Wake Up)

스로 경험할 수 있는 장을 지속적으로 만들어야 한다.

둘째, 부모님의 도움(학부모 기도회)을 받아야 한다. 청소년들과 학원복음화 인큐베이팅 운동을 하며 자연스럽게 만나게 되는 공동체가 있다. 바로 학부모다. 학부모는 아이들의 모든 일상을 알고 있으며, 아이들의 학업 일정을 관리한다. 학교 사역을 건강하게 지속적으로 하고 싶다면 부모님과 소통의 끈을 놓지 말아야 할 것이다. 청소년부를 담당하며 여름, 겨울 수련회 시기가 되면 한 명이라도 더 수련회에 참여할 수 있도록 아이들에게 연락하고 부모님들께 연락을 한다. 그러나 주일 출석 대비 수련회 참석자는 3분의 2정도, 더 적을 때는 절반의 인원만이 참석하는 경우가 많다. 학생들이 수련회에 참석하지 못하는 압도적인 이유는 바로 '학원'이다. 그런데 이 학원 문제를 해결할 수 있는 '해결 방법'이 있다. 바로 부모다. 그리고 특히 엄마다.

자녀들의 삶에 예배가 중요하다고 생각하는 부모는 시험 기간,

수련회 기간에 교회에 참석할 수 있도록 허락한다. 그러나 안타깝게 도 교회 출석을 반대하는 비율은 계속 증가하고 있다. 이를 극복할 수 있는 방법은 학부모 기도회를 통해 마음을 변화시키는 것이다.

　S학교 학부모 기도회 사례다. 중학생 때부터 부모는 아이들 대학 입시를 준비한다. 요즘은 초등학생 때부터 준비하기 때문에 결코 빠른 것이 아니다. 현재 S학교는 기독교 동아리를 방과 후에 진행하고 있다. 그런데 다시 창설을 하며 생긴 문제는 아이들 대부분의 방과 후 학원 일정이었다. S학교 학부모 기도회 부모님들이 결단을 해 주셨다. 아이들 학원 일정을 변경했으니, 기독교 동아리 모임 계속 진행해 달라는 결단이었다. 나는 소름이 쫙 돋았다. 성령님께서 학부모 기도회를 통해 부모님의 마음을 변화시키셨고 아이들의 삶에 무엇보다 예수 그리스도를 예배하는 삶이 제일 중요하다는 것에 뜻을 모아 주셨다. 이처럼 청소년 사역은 학부모님들의 조력이 있을 때에 학생들과 마음껏 활동을 할 수 있다는 사실을 인지하고 부모님들과 지속적인 소통과 협력을 이어 갈 수 있는 방안을 찾고 접목시켜야 한다. 학부모 기도회의 조직 방법은 다음과 같다.

① 각 학교를 중심으로 학부모 기도회를 조직한다.
② 요일과 장소를 정하고 모임을 시작한다.
③ 운영 방식을 선정한다(자체 또는 사역자를 초대하여 도움을 받는다).
④ 학교와 교직원, 자녀와 친구, 가정, 교회를 축복하며 기도한다.
⑤ 학부모 기도회를 다른 학교 학부모에게 소개하고 세워 갈 수 있도록

인큐베이팅한다.

⑥ 지역학교 학부모 기도회 연합모임을 시작한다(예, 1년 2회, 분기별 4회, 매달).

⑦ 학교에 민원 넣지 않기 운동을 펼쳐 간다.

부모는, 특히 어머니들은 보이지 않게 세상을 움직이는 강력한 힘이다. 한국교회가 어머님들과 소통하며 적극적인 협력을 이어 나간다면 다음세대 복음화는 순식간에 일어날 것이다.

사역자 양성 과정 (교회)

학원복음화 인큐베이팅은 사역자 양성 과정을 정기적으로 진행하고 있다. 그 이유는 사역이 이루어지는 장소가 교회가 아닌 학교이기 때문이다. 또한 2009년 당시만 해도 학교에 기도 모임이나 기독교 동아리를 개설하는 데 특별한 절차적 어려움은 없었다. 그러나 이제는 학생들의 자발성, 담당 교사, 관리자의 허락 등 절차가 중요하다. 이러한 절차를 잘 모르고 있는 교회와 사역자분들 중 학교 사역이 불가능하다고 오해하고 있는 경우를 많이 본다. 그러나 이 책에서 계속해서 반복했듯 지금도 학교 사역이 가능하다는 사실을 우리는 꼭 기억해야 한다. 그래서 우리는 사역자 양성 과정이나 세미나 시간을 통해 학원복음화 비전과 전략을 통해 학교를 알고 배우는 것이다.

마치 해외 선교를 떠나기 전 교회에서 선교스쿨을 통해 그 나라의 문화, 언어, 음식, 주의 사항 등 다양한 것을 배우는 것처럼 학원 복음화 사역을 하기 위해서 학교에 대해 충분히 배우는 시간을 갖는 것이다. 당연한 것이지만 학교에서 사역을 하기 위해서는 학교의 문화, 행정, 구성원, 시스템, 필요 등을 알아야 한다. 이러한 것을 알고 학교와 소통하는 것과 모르고 학교와 소통하는 것에 의해 학교 사역의 진행 여부가 결정되기도 한다.

M학교 사례다. D사역자는 창체 동아리 시간을 통해 학생들을 만나고 있었다. 학교 사역이 처음이었던 D사역자는 학교 문화에 적응해 나가고 있었다. 어느 날 학교에서 기독교 동아리를 중단하겠다는 연락이 왔다. 선생님께 자초지종을 물으니 D사역자가 다른 세미나 강사 일정이 있다며 학교 수업에 빠져 수업 결손이 났다는 것이었다. 나는 한 번만 기회를 달라고 사정했으나, 끝내 어려울 것 같다는 대답과 함께 M학교에서의 창체 동아리 활동은 끝이 났다. 학교에서 진행되는 동아리도 엄연한 학사 일정 가운데 진행되는 수업이다. 학교와 충분히 소통하고 대체가 가능하다고 할 때만 다른 일정을 소화

하는 것을 추천한다. 이러한 사례를 토대로 학교와 호흡하기 위해서는 반드시 학원복음화 인큐베이팅 사역자 양성 과정이 필요하다는 것을 다시 한번 생각하게 되었다.

과거 사역자 양성 과정을 파일럿으로 진행할 때는 10주 과정으로 진행했다. 하

지만 교회 사역을 하고 있는 사역자에게는 10주라는 시간이 부담스럽게 느껴졌다는 피드백이 있었다. 그래서 정식 과정은 4주로 압축하여 강의와 학교 현장 실습 등 정말 중요한 핵심적인 내용으로 구성했다. 학원복음화 인큐베이팅 사역자 양성 과정은 다음과 같이 진행된다.

	내용
1주 차	• 학원복음화 비전과 전략을 공유한다. 　– 다음세대 인구 현황 및 교회학교 생태계 인식 　– 왜 학원 사역이 필요한가(타 종교와 단체들의 전략) 　– 실제 모델 제시 '학원복음화 인큐베이팅을 접목한 교회 모델', 　　'교회 ↔ 학교 ↔ 가정'을 잇는 지속 가능한 선교적 교회학교 생태계 구축 　– 어떻게 적용할 것인가(매뉴얼)
2주 차	• 학원복음화 인큐베이팅을 접목한 교회들의 부흥 사례 　– 지역교회 담당 사역자들의 학원복음화 사역을 시작한 뒤 부서의 변화, 부흥, 성장, 재생산 이야기와 노하우 공유
3주 차	• 학교 현장에 있는 기독 교사들과의 만남을 통해 학교 문화, 교사들과의 관계 등 학교와 교사를 배우고 학교와 소통하며 협력할 수 있는 대안 제시
4주 차	• 지역교회와 함께 학교연합모임(Wake Up) 사례 공유 및 노하우 공유

※ 사역자 양성 과정 중 학교 탐방 및 예배 인도 실습 진행

　학원복음화 사역자 양성 과정은 지역교회가 지역학교를 건강하게 섬길 수 있도록 최선을 다해 돕는 과정이다. 이를 통해 학원복음화에 대한 전반적인 이해와 전문성을 갖출 수 있도록 돕고 있으며 검증된 사역자들도 학교와 기독 교사들과 연계하고 있다.

사역자 양성 과정(학교)

백석대학교 신학대학원에 비교과 과목 강의가 개설되다

　2022년, 백석대학교 신학대학원 졸업예정자 신앙수련회 시간을 통해 학원복음화 비전과 전략을 공유했다. 강의 시간 마지막 무렵

"신대원에 학원복음화 인큐베이팅 강의가 개설되길 소망합니다. 여러분이 신학대학원에서 학교 사역의 전문가로 양성되어 경쟁력 있는 사역자로 교회 현장에 나아가게 된다면 여러분을 통해 한국교회 교회학교가 살아날 것입니다"라고 말했다. 강의가 끝나고 교학처장님이 잠시 불러 대화를 나누었다.

"목사님, 정말 신학대학원 학생들에게 필요한 과정인 것 같습니다. 내년에 과목이 개설될 수 있도록 노력해 보겠습니다."

말이 씨앗이 되었다. 그리고 며칠 뒤 백석대학교 신학대학원에서 2023년 1년 2개 학기 과정으로 학원복음화 인큐베이팅 강의를 개설하기로 했다는 연락이 왔다. 나는 학원복음화 비전과 전략을 공유할 때마다 신학교에서 학교 사역에 적극 함께해야 한다고 말했지만 실제로 과목이 생기게 될 것이라고는 생각을 못했다. 그런데 하나님께서는 나의 마음과 말을 들으셨고, 과목이 개설되게 해 주셨다. 강의를 준비하며 신학대학원 학생들이 학교 현장 사역의 전문가가 될 수 있도록 돕는 커리큘럼을 만들었다. 개론뿐만 아니라 실제로 학생들과 1년 동안 중고등학교에 찾아가 창체 동아리, 자율 동아리 시간을 통해 매주 또는 격주로 교회에 다니지 않는 청소년들을 대상으로 예배모임을 진행했다. 처음엔 역시나 쉽지 않았다. 첫 모임을 준비하며 교회에 다니지 않는 청소년들이기 때문에 교회처럼 하면 아무런 반응이 없을 것이라고 알려 주었지만, 학교 사역 경험이 없다 보니 교회처럼 찬양과 말씀을 준비해 온 것이다. 찬양 인도를 하는 전도사님이 학생들과 인사를 나눈 뒤 찬양을 시작했는데, 아무런 반응이 없었다. 찬양을 인도하는 전도사님은 당황하기 시작했고 이마에서는 땀이 흘러내렸다. 이후 첫 동아리 모임을 마친 전도사님들은 당황스러워했다. 나는 하나하나 피드백을 전했다. 학생들은 교회에 다니지 않으며, 교회에 가 본 적도 없으니, 성경과 예배에 대한 지식이 전혀 없음을 다시 알려 주었다. 그리고 천천히 관계를 맺으며 유치원생을 가르치듯이 하나하나 쉽게 다가가야 함을 알려 주었다. 신학대학원 학생들은 당혹스러운 경험을 통해 더욱 열심히 기도하며 준비하기 시작했다. 기독교 동아리 2-3주 차가 되자 아이들이 반응하기 시작했고 신학대학원 학생들도 아이들과 호흡하는 방법을 터득하기 시작했다. 점차 아이들이 먼저 반기고 함께 대화하며 예배하는 것을 즐거워했다. 강의에 함께한 학생들은 처음엔 교회 안에서만 다음세대 사역이 가능할 것이라고 생각했다. 하지만 실제 경험하며 많은 청소년이 학교에 있고, 교회에 다니지 않는 청소년들에게도 복음을 전할 수 있다는 것을 깨닫게 되었다. 학교 현장에서의 도전을 통해 실제의 경험이 필요한 이유를 나도, 학생들도 다시금 느끼게 되었다.

성결대학교 객원교수가 되다

페이스북을 통해 성결대학교 오현철 교수님을 알게 되어 자연스럽게 지속적인 소통과 만남을 이어 왔다. 교수님은 성결대학교 학생들이 개론적인 것뿐만 아니라 다양한 사역을 접할 수 있도록 노력하시는 분이다. 어느 날, 교수님이 성결대학교에서도 학생들에게 학원복음화 인큐베이팅을 소개해 주기를 부탁하셔서 비전과 전략을 공유했다. 이 인연은 2023년 3월 성결대학교와 MOU를 체결하며 더욱 끈끈해졌다. 그렇게 2023년 2학기를 앞두고 학생제안 교과목으로 신학과, 기독교교육상담학과, 문화선교학과의 전공선택 3학점 강의로 학원복음화 인큐베이팅 강의가 개설이 되었다. 그리고 성결대학교 객원교수로 임용되었다. 나는 성결대학교 학생들을 대상으로 학원복음화 인큐베이팅을 강의하며 함께 학교 현장에 들어가기 위한 준비를 하기 시작했다. 학부생들은 많은 과목을 이수해야 하기 때문에 신학대학원 학생들처럼 1년 동안 지속적인 실습을 할 수 없는 구조였다. 나는 내가 담당하고 있는 중고등학교를 정리했고 월요일에서 금요일까지 실습이 가능한 학교들을 선택하여 학교 현장에서 교회에 다니지 않는 청소년들을 대상으로 기독교 동아리를 진행할 수 있도록 했다.

제자들이 학교 현장에서 첫 실습을 하는 모습을 지켜보며 나도 덩달아 긴장했다. 성결대학교 학생들은 준비한 프로그램과 찬양, 짧은 메시지를 차근차근 중학생의 눈높이에 맞게 열정적으로 진행했고, 아이들 또한 적극적으로 반응했다. 다시금 감사가 차올랐다. 처음으로 마주하는 학교 현장에서 믿지 않는 청소년들과 호흡해야 한다는 것에 부담이 있을 텐데도 잘 준비하고 마무리를 지었다. 성결대학교 학생들이 학교에 들어오기 전 교문 앞에서 학교와 학생들을 축복하고 기도하는 모습을 보며 한 영혼을 향한 간절함과 하나님의 은혜를 구하는 모습이 계속 이어지길 기도했다. 이렇게 나는 신학대학원과 신학교에 학원복음화 인큐베이팅 과목이 개설되는 것을 보며 어쩌면 하나님께서 신학생 및 신학대학원생을 깨워 함께 동역하게 하시는 것 같다는 생각을 해 본다.

서울성경신학대학원대학교에 강의가 개설되다

어느 날, 한국복음주의신학회 회장 임원택 교수님께서 한국복음주의신학회의 '제80차 정기논문발표회' 사례발표자로 함께해 줬으면 좋겠다는 연락을 주셨다. 신학대학교 교수님들 앞에서 학원복음화 인큐베이팅 사역이 소개될 수 있는 좋은 기회가 될 것 같다고 자리를 만들어 주신 것이다. 나는 학원복음화 인큐베이팅을 하며 늘 간구하며 외쳤다.

> "신학생 때 학원복음화 인큐베이팅의 비전과 전략을 학습해서 학원복음화 사역자의 전문가가 되어 졸업하고, 교회 현장에 갔을 때 지역학교에 들어가 예배모임을 세우고 교회에 다니지 않는 청소년들에게 복음을 전하여 선교적 교회학교 생태계를 구축하는 경쟁력 있는 사역자가 되어야 합니다."

한국복음주의신학회를 통해 이 비전에 한 발짝 다가서게 되었다. '복음전도 현실과 전망'이라는 주제의 제80차 정기논문발표회 속 주제 발표는 지구촌교회 최성은 담임목사님, 웨스트민스터신학대학원 대학교 김선일 교수님이 하시고, 사례 발표로 내가 학원복음화 인큐베이팅 운동을 발표하였다.

저명한 분들 앞에서 학원복음화 인큐베이팅의 비전과 전략을 공유할 수 있음에 가슴이 벅찼다. 몇 달 뒤 서울성경신학대학원대학교 최순봉 총장님이 학회 발표를 듣고 많은 도전이 되었다며 전화를 주셨다. 더불어 학원복음화 인큐베이팅 운동이 다음세대 복음화를 위해 꼭 필요한 사역이기에 서울성경신학대학원대학교에서 학원복음화 인큐베이팅 강의를 제안해 주셨다. 이 모든 일이 2023년 한 해에 일어난 일이다. 그동안 나는 신학교에 학원복음화를 위한 동아리만 개설되어도 정말 좋겠다고 생각했다. 지금처럼 과목이 개설되고 교수로 학생에게 직접 교육할 수 있는 기회가 주어질 것이라고는 상상도 못했다. 정말 이 모든 것이 하나님의 은혜와 섭리라고 밖에는 표현할 방법이 없다.

학원복음화 인큐베이팅은 네트워크 사역 (연합의 도구)

학교에 예배모임을 효과적으로 개설하기 위해서는 교회 공동체 안에 있는 3세대, 교단, 신학교, 기독교 기업 등과의 연대가 정말 중요하다. 왜냐하면 학교에 예배모임을 개설하기 위해서는 교사와 학생이 있어야 하는데 그 모든 자원이 교회 안에 있기 때문이다. 또한 모임을 진행하며 간식, 성경책, 스태프, 찬양팀, 소그룹 등 물적, 인적 자원이 지원 되어야 지속 가능한 생태계를 구축할 수 있기 때문이다. 이러한 모든 물적, 인적 자원은 학생들 스스로 해결하기에는 현실적으로 어렵다는 사실에 우리 모두가 공감할 것이다.

타 종교와 단체들이 학원 사역을 위해 수백 억의 예산을 쏟고 있는 때에 우리는 학원복음화를 위해 어떤 투자를 하고 있는지 돌아보아야 할 것이다. 나는 학원복음화 비전과 전략이 한국교회에 공유되어 이를 해결하기 위해 교단에서 전적으로 예산과 인적 자원을 투자하는 날을 날마다 꿈꾸며 기도하고 있다. 학원복음화 비전과 전략을 모든 교단과 지역교회에 공유하기 위해 최선을 다해 교회를 찾아가고 있으며 적극적인 연대를 이루고자 노력하고 있다.

하나님께서 한국교회에 놀라운 축복을 주셨다는 사실을 우리는 잘 알고 있다. 다음세대에게 복음을 전수할 모든 자원이 교회 안에 있고 이러한 자원을 연결하기만 하면 대한민국 1만 1천 곳의 중고등학교에 예배가 세워지는 것은 시간 문제일 것이다. 한국교회와 함께 '지역교회 ↔ 청소년 ↔ 기독 교사 ↔ 학부모 ↔ 교단 ↔ 신학교 ↔ 기독교인 전문기업, 전문가'를 잇는 선교적 교회학교 생태계를 구축하는 학원복음화 인큐베이팅 운동에 많은 교회의 관심과 참여 그리고 기도를 부탁한다.

학원복음화 인큐베이팅 주의 사항

① 학교는 교회가 아니다

교회는 목양에 최적화되어 있는 생태계이다. 그러나 학교는 교회가 아니다. 우리가 학교라는 공간에서 기도와 예배모임을 진행하지만 절대로 교회라는 공간 안에서 진행되는 시각, 문화, 언어, 행동, 행정 등의 방식을 취해서는 안 된다. 반드시 민원과 사건이 발생한다. 학교가 교회가 아니라는 사실만 인지하고 학교 사역을 해도 웬만한 사건은 발생하지 않는다. 왜냐하면 선교지처럼 매사에 기도와 신중함 그리고 예의를 갖추게 되기 때문이다.

이에 관련한 사례다. D사역자는 새롭게 예배가 개설된 학교 예배모임에서 교회 수련회처럼 아이들과 호흡하며 설교를 이어 갔다. 모두가 웃고 즐겁게 설교를 듣고 있던 순간, D사역자가 한 친구에게 질문을 했다. 교회였다면 전혀 문제될 만한 질문과 상황이 아니었다. 그런데 다음 날 학교에서 민원이 들어왔다는 연락이 왔다. 아이들 앞에서 한 친구에게만 질문을 하여, 그 당시에 그 아이의 마음이 어려웠다고 하는 민원이었다. 충분한 관계가 형성되었다면 아무렇지도 않을 상황이었다. 그러나 아무리 분위기가 좋아도 관계가 충분히 형성되지 않았을 때, 교회처럼 진행하면 민원이 들어갈 가능성이 항상 있다.

② 학교 문화를 이해하고 공감하라

학원복음화 인큐베이팅은 강원도 철원부터 제주도에 이르기까지 전국에 있는 다양한 학교를 찾아가고 있다. 각 지역에 있는 학교마다 동일한 문화를 가지고 있는 학교는 한 곳도 없다. 학교 사역을 하기 전에 반드시 지역의 경제, 사회, 문화, 구성원, 인구 현황 등 시장조사를 통해 학교 문화를 이해하고 공감하는 노력을 해야 한다. 이러한 문화적 이해가 있을 때 교사, 학부모, 청소년들과 소통하고 공감하는 데 어려움을 겪지 않을 것이다. 왜냐하면 소통과 공감이 이뤄져야 그들의 마음 문이 열리고 그들과 함께할 수 있기 때문이다. 학교 사역을 하다 보면 종종 일어나는 상황이 있다. 바로 학사 일정이 갑자기 변경되는 경우다.

한 번은 이런 일이 있었다. A학교를 가기 위해서는 1시간을 차량으로 이동해서 가야 했다. 학교에 도착해 교실로 향하고 있었는데 복도에서 마주친 동아리 담당 교사가 소스라치게 놀라며 나에게 다가왔다. 알고 보니 그날은 학사 일정이 변경되어 단축 수업으로 오후 수업이 없던 날이었다. 업무가 바쁘다 보니 담당 교사가 나에게 연락을 하는 걸 깜빡한 것이었다. 학교에 도착했는데 갑자기 학사 일정이 변경되거나 단축 수업으로 변경되는 날이 있다. 학교 교사들에게는 자주 발생하는 일이기 때문에 전혀 문제 될 것이 없다. 그러나 학교 사역을 처음 시작하는 교회들은 이러한 상황에 정말 많이 당황해하고 교사에게 불만을 표출하는 경우가 종종 있다. 며칠 전에 학사 일정이 변경되었다면 미리 연락을 주겠지만 대부분 당일에 급하게 변경되는 경우가 많다. 그래서 교회에 정보 전달이 늦어지는 경우가 많다 보니 교회들은 충분히 오해할 수 있다. 그러나 학교 문화를 이해한다면 교사들이 무책임하게 당일 갑작스럽게 연락하는 것이 아니라는 것을 알게 된다.

③ 지역교회 문화를 이해하고 공감하라

학교와 교회는 시스템이 완전 다르다. 우리가 학교 사역을 하기 위해서는 두 곳의 시스템을 충분히 이해하고 시작해야 원활한 소통과 협력을 할 수 있다. 학교의 학생들은 절대다수가 교회에 다니지 않는다. 무엇보다 의사 결정 구조에 가장 큰 차이점을 보이고 있다. 교회는 당회에 안건이 통과되어야 새로운 사역을 시작할 수 있는 구조며 경직된 문화를 띠고 있다. 부교역자나 학원복음화 사역자는 이러한 상황을 인식하고 교회와 소통을 해야 한다. 나도 전임 사역을 하기 전에는 교회의 의사 결정 구조에 대한 이해가 낮았기 때문에 답답했던 상황들이 많았다.

"교회들은 다음세대 사역에 관심이 없어. 전혀 투자를 하지 않아."

그러나 결코 그렇지 않다. 학원 사역에 관심이 있고 하고 싶지만 당장 실행할 수 없는 교회의 구조 때문에 시간이 필요하다. 당회를 설득하고 교회 공동체에 공감대를 충분히 형성하는 시간이 필요한

데 그 시간은 얼마나 걸릴지 모른다. 교회의 의사 결정 구조로 인해 많이 느린 것 같아 보일 때도 있지만 지역교회에서 학원복음화가 일어나기 시작하면 그 어느 곳보다 강력하게 학원복음화 인큐베이팅을 실천하는 사례를 많이 보고 있다. 이 책에서 계속 강조하지만 교회에 공감대를 형성하는 방법은 학원복음화 비전과 전략을 공유하는 방법이 현재까지는 최고의 방법이라고 생각한다. 지역교회에 학원복음화 비전과 전략을 공유했을 때 단 한 곳도 학교 사역을 부정적으로 보거나 반대하는 교회는 없었다. 학원복음화 사역은 모든 교회에서 해야 하는 사역이며 도전해야 하는 사역이라고 지지해 준다. 학교 사역을 준비하는 사역자 및 학원복음화 사역자는 교회의 상황과 문화 그리고 의사 결정 구조를 충분히 이해하고 교회와 소통한다면 건강하고 지속 가능한 학원복음화 생태계를 만들어 갈 수 있을 것이다.

한 번은 A노회 주관으로 학원복음화 인큐베이팅 세미나를 진행했던 적이 있다. 세미나 이후 B사역자에게 문의 전화가 왔다. B사역자는 최선을 다해 부서에서 학교 사역을 준비했다고 말했다. 부서 교사, 학생들에게도 비전이 공유되고 잘 진행되어 학교에 모임이 개설되었는데, 당회의 허락을 받지 못해 학교에 갈 수 없게 되어 어찌해야 할지 도움을 구했다. 이처럼 담임목사님과 당회에 학원복음화 비전과 전략이 공유되지 않아서 학교 현장에 못 가게 되는 사례가 종종 발생한다. 왜냐하면 교회 안에 주중 사역이 많은데 공감대가 없는 상태에서 학교 현장으로 간다고 하면 당장 사역의 공백이 생기기 때문에 교회에서는 쉽게 동의할 수 없다. 그렇기 때문에 반드시 교회 공동체와 소통하며 학원복음화 비전과 전략을 공유하여 공감대를 형성해야 한다.

④ '교회 ↔ 가정 ↔ 학교'와 지속적으로 소통하라

다음세대 사역과 성인 사역의 생태계를 이해하는 것은 굉장히 중요하다. 성인 사역은 20대부터 90세 때까지 장기적인 계획에서 진행되지만 다음세대 사역은 1년마다 학생들이 졸업을 하기 때문에 1년 계획으로 단기 계획하여 진행한다. 또한 학생들은 성인과 달리 아직 지성, 감정, 의지 등 발달하는 시기이기 때문에 어른과 같은 수준의 신앙을 요구할 수 없다. 다음세대 사역은 학생들이 건강한 기독교인으로 성장할 수 있도록 지속적인 관심과 응원 그리고 지지하는 것이 중요하다. 모두가 알고 있는 사실이지만 중등부에서 고등부, 고등부에서 청년부로 등반할 때 정말 많은 학생이 교회에서 사라진다. 그만큼 신앙을 유지하고 연계하는 것이 어렵다. 이러한 점에서 학원복음화 인큐베이팅은 '교회 ↔ 가정 ↔ 학교'와 소통하는 것을 굉장히 중요하게 생각하고 실행하고 있다. 방법은 다음과 같다.

① 지역교회를 중심으로 학교에 예배를 세운다.
② 지역교회를 중심으로 각 학교별 학부모 기도회를 조직하고 학부모들과 교회가 지속적인 소통을 이어 갈 수 있도록 구조화한다.
③ 사역자 양성 과정을 통해 검증된 사역자들을 학교와 연계하여 '교회

↔ 가정 ↔ 학교'를 잇고 지속적인 소통을 이어 갈 수 있도록 구조화
한다.

지역교회 공동체는 부모와 함께 자녀들이 신앙생활을 하는 경우
가 대부분이다. 그렇기 때문에 사역자가 열정만 있다면 목양적인 측
면에서 아이들과 연락하고 부모와 소통하는 부분에 큰 어려움은 없
다. 하지만 학교는 상황이 다르다. 학교 예배모임에 나오는 친구들
대부분이 교회를 다니지 않으며 부모들도 대부분 교회에 다니지 않
는다. 학생들과만 소통이 가능한 구조일 가능성이 크다. 학교 사역을
하며 의지적으로 노력해야 할 부분이 바로 소통 구조를 만들어 가는
것이다. 학생들과만 소통을 이어 가면 어느 순간 학교 사역 지속성에
한계가 찾아온다. 그렇기 때문에 지역교회, 교사, 학부모와 소통하며
지속 가능한 학교 사역 생태계를 만드는 것이 굉장히 중요하다.

사례로, B지역 유·초등학교 학부모 기도회는 2017년에 시작되었
다. 이 기도회는 지금까지 이어지고 있다. 아이들은 초등학교를 졸
업하여 중학생이 되었고 부모님들 또한 유치원에서 중학교 학부모
가 연계되어 세대별 학부모 기도회가 이어지고 있다.

교회 안에서 진행되는 모임이라면 당연한 것이라고 생각할 수 있
겠지만, 이것은 교회가 아닌 학교를 중심으로 진행되는 학부모 자발
적인 기도 모임이다. 학부모들이 기도하며 자발적으로 우리의 자녀
들을 위해 계속 기도를 이어 가고 있다. 또한 지역교회는 예배 장소,
간식 후원, 여름, 겨울 원데이 수련회 지원 등 다양한 모양으로 함께

하고 있다. 그뿐만 아니라 학교와 교사들과 소통하며 기도 제목을 공유하고 학교를 응원하고 있다.

⑤ 이성(성적), 돈 관계는 조심을 넘어 절대 하지 말라

사역자 모두가 알고 있는 내용이며 항상 조심하는 부분일 것이다. 교회에서도 목회자들에게 강조하는 점이다. 교회뿐만 아니라 파라처치 모든 영역에 있는 기독교 사역자들이 적용하고 지켜야 한다. 그러나 안타깝게도 현장에서 이성 문제, 돈 문제는 계속 생긴다.

실제로 내가 전임 사역을 하고 있었던 시절의 이야기다. 나는 전임 사역으로 타 지역에 있는 학교 예배모임을 담당할 수 없는 상황이었다. 나는 학교를 인큐베이팅했어야 했고 지인의 소개로 ○목사님을 소개를 받았다. ○목사님은 다음세대를 향한 순수함과 열정을 가지고 있는 사역자처럼 보였다. 지역교회 사역자인 ○목사님께 학교를 인큐베이팅했고 너무나 훌륭하게 사역을 감당했다. 하지만 그해 연말 A지역 기독 교사 모임에 참석했다가 나는 충격적인 소식을 들었다.

> "목사님, ○목사님이 새벽에 한 여학생과 자동차 안에 있다가 경찰이 발견했어요. 경찰서에서 학교에 전화를 했고 그 사건으로 기독교 동아리가 없어졌어요. 새벽 늦은 시간 학생과 차에 단 둘이 있었다는 사실 자체만으로도 학교에서는 엄청난 파장이 있었어요."

나는 선생님들 앞에서 정말 부끄러웠다. 연신 죄송하다고 사죄를 드렸다. 이후 ○목사는 여러 학생과 성적인 문제가 붉어져 결국에는 면직되었다. 나는 이 사건 이후로 절대로 직접 학교와 사역자를 연결하지 않는다. 학원복음화 인큐베이팅 세미나를 듣고 연계된 교회, 학원복음화 인큐베이팅 사역자 양성 과정을 수료한 교회 등 검증된 교회와 사역자만 교사들에게 소개하고 있다.

⑥ 청소년들과 교회를 분리시키지 말라

A학교에 새롭게 기도 모임이 시작되었다. 이 모임에는 교회에 다니는 청소년들이 많지 않았다. 나에게 학교 모임을 어떻게 진행해야 할지 도움 요청이 왔다. 나는 A학교와 가까운 지역교회 사역자를 소개했고 지역교회 사역자가 A학교 모임에 협력하게 되었다. 지역교회 사역자는 교회에 다니지 않는 청소년들이 많았기 때문에 교회에 다니지 않는 청소년들을 중심으로 모임을 이끌어 갔다. 얼마 후 리더 친구에게 학교 안의 교회로서 앞으로 말씀 묵상(QT)을 중심으로 서로서로 맡아 모임을 진행하고자 한다는 연락을 받았다. 나는 리더에게 너무 좋지만, 대부분의 아이가 교회에 다니지 않으니 지역교회와 지속적으로 소통하고 연대해서 교회와 아이들이 연결되도록 하는 게 어떨지 물었다.

"목사님, 그냥 저희끼리 할게요."

결국 모임은 지역교회와 분리되어 학생들끼리 진행하는 모임이 되었다. 나는 어떤 모임의 형식이 옳고 그르다는 것을 이야기하는 것이 아니다. 모임의 형태는 학교 상황에 맞게 다양할 수 있다. 사역자가 도울 수도 있고, 학생들끼리 진행할 수도 있고, 교사들과 학생들이 진행할 수도 있다. 그러나 교회와 분리되는 모임은 고민해 보아야 한다.

학생들은 1년마다 졸업과 입학을 반복한다. 이 아이들을 학교를 졸업하면 신앙생활을 이어 갈 공동체가 사라진다. 왜냐하면 학교 기도 모임에만 참여했고 교회를 경험해 본 적이 없기 때문에 교회를 가야 한다는 생각 자체를 하지 못하게 되는 것이다. 우리는 학교 기도모임을 통해 교회를 소개하고 건강한 교회 공동체와 잇는 시도를 계속해야 한다. 학생 자발적인 모임이라고 강조하며 교회와 사역자와 소통하지 않고 완전히 분리된 모임으로 진행되는 학교 모임들은 결국 청소년들이 교회를 알지 못하고 교회와 사역자들이 자신들을 좌지우지하려는 곳이라는 오해를 품고 학교를 졸업한다. 이렇게 교회에 대한 잘못된 정보를 경험한 청소년들이 훗날 교회 공동체로 찾아와 신앙생활을 이어 가기가 굉장히 어려워진다는 점을 고민해야 한다.

교회 공동체와 상관없는 학교 기도 모임은 결국 교회와의 단절과 분리를 야기하게 되고 학교 사역을 바라보는 지역교회의 시선에 부정적인 영향을 미칠 수 있다. 모든 사역자에게도 중요한 부분이지만 특별히 학원복음화 사역자는 건강한 교회론을 갖기 위해 교회론에 관한 공부 및 지역교회와 지속적인 소통과 협력을 이어 가는 부분에 있어서는 게으르지 말아야 할 것이다.

⑦ 학원복음화 사역은 학교에서만이 아니라 청소년들이 자연스럽게 교회를 경험하고 정착할 수 있도록 도와야 한다

학교에 예배모임을 세워 학원복음화 운동을 펼치는 이유는 예수 그리스도를 모르는 다음세대에게 예수 그리스도의 생명의 복음을 증거하기 위해서다. 예수 그리스도의 복음을 듣고 신앙심이 생긴 청소년들을 위해 청소년들과 사역자들이 기억해야 할 부분이 있다. 건강한 공동체에서 신앙생활을 할 수 있도록 안내하고 돕는 것이다. 앞에서도 언급했지만 교회와 분리되어 학교 사역을 진행하고 교회와 상관없는 외부 모임으로 학생들을 초대하는 사역은 장기적인 관점으로 볼 때 많은 고민이 필요하다. 하나님께서는 우리를 교회로 부르셨고, 주는 그리스도시요 살아 계신 하나님의 아들이라는 신앙의 고백 가운데 교회를 세우셨다. 예수를 주로 고백한 하나님의 자녀들이 함께 모여 교회 공동체 안에서 예수님이 다시 오실 날을 기다리며 이 땅에서 예수 그리스도를 실현하는 삶을 살아가는 교회가 되게 하셨다.

기쁨이 충만한 곳이 교회다. 우리는 학원복음화 사역을 통해 교회에 다니지 않는 청소년들에게 복음을 전하고 그들이 자연스럽게 교회를 경험하고 교회에 정착할 수 있도록 끊임없이 안내하고 도와야 한다.

학원복음화 인큐베이팅을 접목한 교회 사례
(오륜교회)

　학원복음화 인큐베이팅이 지역교회에 잘 접목된 사례가 있어 소개하고자 한다. 바로 오륜교회이다. 오륜교회에 어떻게 학원복음화 인큐베이팅이 자리를 잡게 되었는지 그 이야기를 짧게 전해 보고자 한다.

　첫 번째, 교회 내 공감대 형성. 2021년 12월 24일, 나는 오륜교회 금요철야 시간에 초청되어 학원복음화 비전과 전략을 오륜교회와 공유했다. 이를 통해 교회 공동체 내에서 학원복음화에 관한 공감대가 형성되었다. 이것이 가장 중요하다. 예배 후, 청소년부 사역자들을 만나 학원복음화에 대한 내용을 공유했다. 4시간 동안 이야기를 나누며 오륜교회 상황에 맞는 전략과 대안을 구상했다. 그리고 가장 강조한 부분은 '일단 시작하라'였다. 시작하면 하나님이 모든 것을 해결해 주신다. 오륜교회 중등부 담당 박성광 목사님은 당시에 속으로 '정말 가능할까? 꿈같은 이야기 같은데?'라는 생각을 했다고 한다. 그런데 정말 시작하자 하나님께서 예비하신 교사, 학생, 학부모, 재정이 해결되는 경험을 하셨다.

　두 번째, 부서 내 공감대 형성 및 비전 공유. 오륜교회 청소년부는 각 부서 겨울 수련회에서 아이들에게 조금씩 학원복음화의 비전을 심어 주었다. 그리고 부서 모임을 하며 교사들에게 학원복음화의 비전과 전략을 공유해 필요성과 시의성을 나누었다. 교사들이 필요성을 느끼자 이제는 학부모를 심방하며 비전과 전략을 나누었다. 필요시에는 나의 설교 영상을 학부모에게 공유하기도 했다고 한다.

세 번째, 학생들과 비전 공유. 오륜교회에서는 한 달 동안 설교 주제를 복음과 선교로 두고 아이들에게 학교에서도 기도와 예배를 세워야 함을 가르쳤다. 교회 청소년들의 학교를 조사하고 학교별로 분류하여 기도 모임과 동아리가 세워질 확률이 높은 학교를 구상하며 준비했다.

네 번째, 학교 파송. 오륜교회 청소년부는 파송 예배를 통해 아이들을 학교로 파송했다. 사역자들은 매뉴얼을 만들고 후원 창구와 네트워크를 만들어 아이들과 교사 모두가 어렵지 않게 스쿨처치를 진행할 수 있도록 도왔다. 이를 통해 학교별 스쿨처치 리더를 세우고 날짜를 정하여 학교에 가서 실행할 수 있도록 도왔다. 학교 마다 진행 방법도 다양했다. 교역자가 직접 학교에 들어가는 자율 동아리 형식과 학교 기독 교사 중심으로 진행되는 모임, 학생들이 자율적으로 진행하는 모임 등으로 기도 모임과 기독교 동아리를 세웠다. 그리고 이를 지속하기 위해 매주 월요일 마다 스쿨처치 리더 모임을 만들었다. 매주 기도 제목을 작성하여 함께 기도하고, 스쿨처치를 유지할 수 있게 교회, 목회자, 학생, 교사가 하나 되어 진행했다.

이를 통해 학원복음화 인큐베이팅을 접목한 오륜교회는 2023년 30곳의 중고등학교에 스쿨처치를 세웠다.

애들아, 학교를 부탁해!
스쿨처치 가이드북
I AM A STUDENT MISSIONARY

샬롬 교육국

01

스쿨처치란 무엇인가?

스쿨처치(Schoolchurch)는 학교를 뜻하는 영어단어 School(스쿨)과 교회를 뜻하는
영어단어 Church(처치)의 합성어로 **학교 안에 있는 교회**를 뜻합니다.
스쿨처치의 핵심은 청소년들이 중심이 되어서
자발적으로 자신의 학교에 교회를 세우는 것에 있습니다.

우리는 스쿨처치를 왜 세워야 할까요?

02

학교에서 교회를 세우는 과정

이렇게 세워보세요!

1. 스쿨처치를 함께할 친구들 찾기
학교 기독교 동아리를 세우기 전, 말씀 기도하면서 주변에 믿을만한 친구들과
하나님을 중심에 모시고 함께할 친구들을 찾습니다.

2. 모임시간과 추기 정하기
학교 일정에 따라 요일과 시간대(조회 전 아침시간, 점심시간, 방과 후)를 정합니다.
최대한 많은 친구들이 모일 수 있는 요일과 시간을 정하고, **모이는 횟수**를 정합니다.
주 1~2회 혹은 더 많은 단, 처음 시작한다면 주 1회를 추천합니다.

3. 모임 장소 정하기
모임을 할 장소를 정합니다. 예수님을 믿는 선생님이 계시다면
선생님께 부탁드려서 장소를 허락받는 방법이 있습니다.
기독선생님이 없거나 발견하지 못할 경우, **여러분이 모일 장소를 정합니다.**
예배할 수 있는 장소를 허락받아 달라고 기도합니다. 가장 좋은 장소는 음악실입니다.
미술실, 다목적실, 수돗가, 운동장, 빈 교실, 정자, **어디든 모일 수 있는 장소를 찾습니다.**

4. 일단 시작하기
인원이 적고 상황이 열악하더라도
스쿨처치를 시작하는 것이 중요합니다.
성령님과 함께 기도하는 한 사람만 있으면 됩니다.
왜냐면, 내가 바로 교회니까요!

함께 더불어 예배해요!

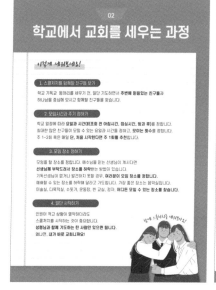

03

스쿨처치 모임 방법

모임을 어떻게 할까?

아래의 순서에 따라서 해보세요!

스쿨처치 모임 예시

1 **찬양 - 다같이**
음악실에서 모임시, 악기 연주하면서 찬양할 수 있고,
악기가 없다면 찬양을 재생하고 따라 부르는 법도 있어요.
찬양은 '축복합니다' / '주의 자비가 내려와' 추천

2 **대표기도 - 기도자**
함께하는 친구들끼리 돌아가면서 대표로 기도하면 좋아요.

3 **말씀 - 설교자**
설교자가 없을 시, 인도자와 모인 학생들이 말씀을 같이 읽어요.
말씀을 다 같이 읽은 뒤 인도자가 요약할 수 있어요.

4 **함께 기도 - 다같이**
인도자의 인도에 따라 말씀과 기도 제목을 놓고 기도해요.
함께하는 친구들이 기도제목을 같이 읽어도 좋아요.

5 **광고 - 인도자**
다음 모임 일정과 장소를 알려주면 좋아요.

6 **주기도문 - 다같이**

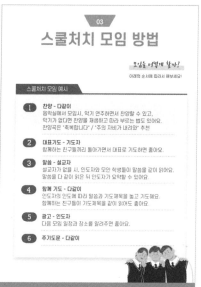

---

04 모임 추천 찬양

1. 축복합니다

---

06 스쿨처치 기도제목

모임 시 중 가지 기도문을 정하여 함께 기도해주세요.

학교를 위한 기도

하나님, 우리학교를 위해 기도합니다.
이 자리에 학교를 세우시고 우리가 공부하며 배울 수 있게 하심 감사합니다. 학교 안에 학교폭력, 욕설, 거짓말, 왕따, 음란함, 이기심 같은 죄악이 사라지게 해주세요. 주의 사랑으로 서로를 위하는 선한 모습을 지닌 학교가 되게 해주세요. 우리 학교가 하나님의 사랑과 복을 나누는 축복의 통로가 되게 해주세요. 예수님의 이름으로 기도합니다. 아멘

학교 임원 선생님들을 위한 기도

하나님, 학교 임원 선생님들을 위해 기도합니다.
우리 학교 교장선생님, 교감선생님, 부장 선생님들께서 학교를 위해 계획하고 운영하는 동안 하나님이 함께하셔서 하나님이 보시기에 기쁘신 일들로 학교를 세워갈 수 있도록 인도해 주세요. 선한 것을 바라는 지혜와 온 예를 허락해주세요. 선생님들로 인해 학교가 아름답고 좋은 곳이 될 수 있도록 해주세요. 예수님의 이름으로 기도합니다. 아멘

담임 선생님들을 위한 기도

하나님, 담임선생님을 위해 기도합니다.
우리 학급의 담임 선생님이 1년동안 학급 친구들과 우리 모두에게 선한 영향력을 끼치게 하시고 예수님의 사랑으로 인도하시는 선생님이 되게 해주세요. 선생님이 지치지 않게 해주시고, 혹여 학생들로부터 받는 상처들이 있다면 치유해주시고 보호해주셔서 온전한 사랑을 전할 수 있는 선생님이 되게 해주세요. 예수님의 이름으로 기도합니다. 아멘

친구를 위한 기도

모임 시 몇 가지 기도문을 정하여 함께 기도해주세요.

하나님, 친구들을 위해 기도합니다.
이 자리에 있는 친구들 모두가 행복하고 평안할 수 있게 해주세요. 공부할 때 지치지 않게 해주시고, 공부로 인한 스트레스와 관계 가운데 어려움이 생기지 않도록 해주세요. 학교생활을 힘들게 하는 친구가 있다면 하나님 그 친구들을 도와주시고, 학교 생활이 즐거울 수 있게 해주세요. 돕는 친구들이 있게 해주시고, 저희가 도움을 주는 친구가 되게 해주세요. 모든 친구들에게 지혜를 주시고 꿈을 발견할 수 있게 해주세요. 예수님 이름으로 기도합니다 아멘

스쿨처치(기도모임)를 위한 기도

하나님, 스쿨처치(기도모임)를(을) 위해 기도합니다.
오늘 우리가 모일 수 있게 해주셔서 감사합니다. 기도모임을 통해서 함께하는 친구들이 행복하고 즐거움을 느낄 수 있게 해주세요. 기도모임에 오는 친구들마다 힘들고 지쳤던 마음이 힘이 나고 행복해질 수 있도록 해주세요. 기도하는 모든 기도가 응답되고 하시고 기도의 능력을 경험하는 시간이 되게 해주세요. 특별히 기도모임을 통해 학교에 하나님의 사랑이 흘러갈 수 있게 해주세요. 예수님의 이름으로 기도합니다 아멘.

기도제목 나눔

모임에서 나누면 좋을 거 같은 기도제목을 적어서 함께 기도해봐요.

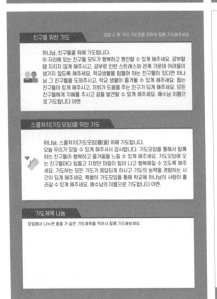

---

07 큐티(Q.T)하는 법

큐티란 무엇인가?

조용한 시간(Quiet Time)이 말씀을 소리내어 온 종일 마음에 새기며 말씀으로 살아가는 것이다.

순서에 따라 해봐요.

1. 큐티를 시작하기 전에 말씀을 깨닫게 해달라고 기도한다.
2. 말씀을 읽는다.
3. 마음에 와 닿는 부분에 밑줄을 그어 표시하고 반복해서 읽는다.
4. 마음에 와 닿는 구절을 정리하고, 깨달은 내용을 적는다.
5. 나에게 주시는 말씀으로 받고, 실천해야 할 내용을 찾아 적는다.
6. 결단하며 기도하고 마무리한다.
7. 말씀을 생각하며 삶으로 실천한다.

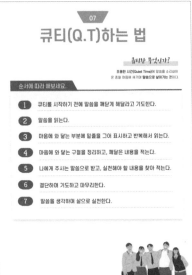

"내가 너희에게 분부한 모든 것을 가르쳐
지키게 하라 볼지어다 내가 세상 끝날까지
너희와 항상 함께 있으리라 하시니라"
(마 28:20).

학원복음화 인큐베이팅

초판 1쇄 발행   2023년 12월 29일
초판 2쇄 발행   2024년 2월 1일

지 은 이 | 최새롬
발 행 인 | 김은호
편 집 인 | 주경훈
책임 편집 | 박선규
편   집 | 김나예 권수민 이민경 문은향
디 자 인 | 이은진

발행처 | 도서출판 꿈미
등   록 | 제2014-000035호(2014년 7월 18일)
주   소 | 서울시 강동구 양재대로81길 39, 202호
전   화 | 070-4352-4143, 02-6413-4896
팩   스 | 02-470-1397
홈페이지 | http://www.coommi.org
쇼핑몰 | http://www.coommimall.com
이메일 | book@coommimall.com
인스타그램 | @coommi_books

ISBN 979-11-93465-11-0 03230